Stefan Slupetzky

Lesereise Mauritius

Stefan Slupetzky

Lesereise Mauritius

Zum Segatanz unter dem Flammenbaum

Picus Verlag Wien

MIX
Papier aus verantwortungsvollen Quellen
FSC® C012536

Gedruckt nach der Richtlinie des
Österreichischen Umweltzeichens
„Druckerzeugnisse“,
Druckerei Theiss GmbH, Nr. 869

Überarbeitete Neuausgabe 2016

Grafische Gestaltung: Dorothea Löcker, Wien
Umschlagabbildung: © Earl & Nazima Kowall/CORBIS
Druck und Verarbeitung:
Druckerei Theiss GmbH, St. Stefan im Lavanttal
ISBN 978-3-7117-1066-6

Informationen über das aktuelle Programm
des Picus Verlags und Veranstaltungen unter
www.picus.at

Inhalt

Unser Mann in Rose Hill

Seit zwei Tagen wütet er schon, der Novembersturm über Österreich, reißt die Dächer von den Häusern, entwurzelt Bäume, stürzt Lastwagen um. Einen Toten hat es bereits gegeben, draußen auf der Südautobahn ist sein Truck samt Anhänger über die Leitplanken geweht worden.

Fünf Uhr früh ist es jetzt in Wien, finstere, frostige fünf Uhr früh. Wir jausnen. Über unseren Köpfen breitet ein gewaltiger Mangobaum seine schwer behangenen Äste aus, spendet Schatten vor der ersten Glut des Tages. Um sieben, vor einer knappen Stunde also, sind wir auf Mauritius gelandet.

Unser Mann hat uns vom südöstlich gelegenen Flughafen abgeholt und uns mit seinem Pick-up quer durchs Land chauffiert; jetzt sitzen wir auf der Terrasse seines Hauses im nordwestlichen Rose Hill und genießen die Spezialitäten, die wir ihm aus dem guten alten Europa mitgebracht haben: deftiges steirisches Schwarzbrot mit Grammelschmalz und einer Prise ungarischen Paprikas, dazu ein Stamperl Waldviertler Mohnkornbrand, der seinesgleichen sucht. Diese Dinge, sagt Jens, sind es, die er gleich nach seiner Familie am meisten vermisst. Das Wetter mit Abstand am wenigsten.

Jens Kleefers ist in Belgisch-Kongo geboren, aber

im Burgenland aufgewachsen; er hat nach ausgedehnten Reisen durch den Nahen Osten und durch Afrika seine mauritische Frau Marie-Lourdes kennengelernt und ist nach einer weiteren, in Gambia verbrachten Zeit endgültig in Mauritius sesshaft geworden. Zwölf Jahre ist das nun her. Jens öffnet eine der großen Tafeln Schweizer Schokolade, bricht sie behutsam auseinander, teilt ein, rationiert, schiebt sich endlich eine Ecke in den Mund, schließt genießerisch die Augen. Zwei Meter über seinem Kopf kriecht ein rötlich-grün schillernder Gecko aus einer Ritze in der Wand und wartet auf unachtsame Insekten.

Mauritius also.

Der gewöhnliche europäische Binnenlandmensch weiß nicht sehr viel über dieses Land; seine Kenntnis beschränkt sich zumeist auf einige wenige Eckdaten. Dass es eine Insel ist zum Beispiel. Dass sie weit unten im Süden liegt, wo der Weihnachtsmann vergeblich nach Kaminen sucht. Dass es auch eine blaue gibt, eine Briefmarke nämlich, die zum weltweiten Inbegriff philatelistischer Begehrlichkeit geworden ist …

Julia und ich glauben schon ein bisschen mehr zu wissen, was nicht nur daher rührt, dass wir uns die betreffende Fachliteratur zu Gemüte geführt haben: In erster Linie stützt sich unsere Einschätzung auf die Berichte meines Bruders Tomas, der schon dreimal hier gewesen ist. Besonders die Sonne und die Küche von Mauritius haben ihn jedes Mal sichtlich gezeichnet, und er hat im Gegenzug seine Spuren auf der Insel hinterlassen: Nicht lange nach unserer Ankunft begegnen wir in einer Seitengasse des Badeortes Flic en Flac einem kreolischen Ehepaar, das uns entgeistert aufhorchen lässt. »Hans-Franz, wüüüst an Kaffee?«, hören wir die Frau in breitestem Wienerisch zu ihrem Mann sagen. »Geh schajßen, Oide!«, entgegnet er freundlich, bevor sie beide in schallendes Gelächter ausbrechen. Die zwei heißen Jean-François und Valérie; sie haben meinen Bruder vor mehreren Jahren kennengelernt, ins Herz geschlossen und ihm – im Tausch gegen ein paar Brocken Wienerisch – das eine oder andere kreolische Wort beigebracht.

Natürlich habe ich meine Vorstellungen von dem, was uns in diesem Land erwartet. Fantasien, die auf keinen Büchern oder Erzählungen beruhen, sondern schon eher der Kategorie »Schwärmerei und Inselromantik« zuzurechnen sind. Was ist es denn schließlich, das einen in die Fremde treibt? Was bringt den westlichen Wohlstandsbürger dazu, Jahr für Jahr sein komfortables Bett, seinen zum Bersten gefüllten Kühlschrank und seinen in mühevollen Stunden programmierten Fernsehapparat zurückzulassen, den sicheren Hort seines blank gescheuerten Fließwasserthrons gegen schmutzverkrustete, stinkende Strandkloaken einzutauschen? Ist es eine Art Entdeckerdrang? Wohl kaum. Denn was, bitte schön, soll man noch groß entdecken an Gegenden, die Jahr für Jahr von abertausenden leichenblassen Touristenbeinen platt getrampelt werden? Vor allem: Welche Neuigkeiten werden sich dem Globetrotter wohl auf seinen täglichen Wegen zwischen Leintuch und Badetuch offenbaren? Die Antwort ist so nahe liegend wie ernüchternd: Der heutige Mensch fährt nicht so sehr weg, um sich einem Ziel zu nähern, als vielmehr, um sich von daheim zu entfernen. Je weiter weg, desto besser, denn: Sein Leben geht ihm auf die Nerven. Es entbehrt der Stille, der Einfachheit, Klarheit und Schönheit, der Kontemplation. Mit jeder Reise versucht er zugleich den Beweis dafür anzutreten, dass sein gewohnter, von Hektik und Lärm durchpulster Lebensstil für sein Glück gar nicht notwendig ist. So reduziert sich sein Wandertrieb meistens darauf, einem Traum nachzujagen, dem Traum vom entspannten Vergessen, der schlichten Hoffnung auf das Paradies. Wird diese Hoffnung in der kurzen Frist seines Urlaubs auch nur ansatzweise erfüllt, dann war es eine gute Reise und er kehrt erfrischt in sein altes, ungeliebtes Leben zurück, um es da fortzusetzen, wo er drei Wochen zuvor die Pausetaste gedrückt hat. Der augenzwinkernde Gedanke an eine Zäsur, an ein dauerhaftes Abschalten, Umkrempeln und Aussteigen bleibt fast immer nur Koketterie.

Der aufgeschlossene Reisende sieht seinem Ziel ins Angesicht, um es abzuschätzen, einzuschätzen und um damit auch sich selbst ein Stück besser kennenzulernen. Nicht mehr und nicht weniger. Schließlich lässt sich ein Land in so vielfältiger Hinsicht wahrnehmen wie ein Mensch: Man kann es vermessen, abklopfen, prüfen, tranchieren, sezieren und analysieren, man kann es betrachten, belauschen, berühren, kneten, streicheln und lecken. Man kann daran riechen. Die Möglichkeiten der topografischen Beschreibung der Welt sind so facettenreich wie die der anatomischen ihrer Bewohner, und so wie es Tonnen von medizinischer Literatur über Psyche und Körper des Menschen bis hin zu den kleinsten Wurmfortsätzen gibt, so haben Geologen, Meteorologen, Biologen, Ökologen, Archäologen, Soziologen und Ethnologen das Ihre mit der großen weiten Welt getan.

Hat man nun aber das Wesen eines Menschen begriffen, sobald man seine Blutgruppe kennt? Seine Haarfarbe? Oder die Zahl seiner Darmwindungen? Mit Sicherheit nicht. Seine Persönlichkeit offenbart sich weit eher in kleinen Gesten und Eigenheiten, in der Art beispielsweise, wie er abends seine Socken über den Stuhl hängt, wie er an einem frostigen Tag aus dem Fenster blickt oder wie er ein Stück Zucker in seinen Kaffee rührt.

Die Insel Mauritius ist so eine Persönlichkeit. Und eine unendlich vielschichtige noch dazu. Ihr tieferes Wesen ist so komplex, dass es den Feriengästen für gewöhnlich vollkommen verborgen bleibt. Die begnügen sich mit beschaulichen Tagen am Strand oder Pool, gießen sich den einen oder anderen Cocktail hinter die Binde und genießen die vom Hotelkoch bis zur Unkenntlichkeit entschärfte, gleichwohl als »mauritisch« bezeichnete Küche. Vielleicht drehen sie auch hin und wieder eine Runde auf dem Golfplatz, oder sie lassen sich in Kleinbussen zu den Sehenswürdigkeiten des Landes chauffieren, um nach ihrer Heimkehr nicht als kulturscheue Banausen zu gelten. Sie geben sich insgesamt einer Art der Urlaubsbelustigung hin, die nicht nur angenehm, sondern auch legitim ist: Schließlich bietet Mauritius die idealen Voraussetzungen für entspannte und üppige, ja luxuriöse Ferien. Jegliche Form des Massentourismus (wie Charterflüge, Pauschal- oder Gruppenangebote) wurde bislang von der Insel ferngehalten, was sich natürlich in der Qualität (und im Preis) des touristischen Angebotes niederschlägt. Sich also mit dem selektiven Bildausschnitt der Reiseindustrie zu begnügen, ist durchaus schön und gut, nur: Das Land und seine Leute lernt man auf diese Art nicht kennen.

Zugegeben: Es fällt uns verhältnismäßig leicht, Mauritius ins Angesicht zu sehen, steht uns doch jemand zur Seite, der uns beharrlich die Augen öffnet. Unser Mann in Rose Hill nämlich und seine Frau, deren Wurzeln untrennbar mit denen der Insel verflochten sind.

Statt uns in eine der strandnahen, prachtvollen Touristenenklaven zu begeben, haben Julia und ich – schon aus finanziellen Gründen – die warmherzige Gastfreundschaft von Jens und Marie-Lourdes in Anspruch genommen. Das hieß nicht nur, dass unser tägliches Leben näher am Puls der Insel verlief, sondern auch, dass wir Zugang zu einer Fülle von – gleichsam internen – Informationen hatten, ohne die dieses Buch nicht entstanden wäre.

Es ist also ein Gemeinschaftsprodukt von Jens und mir, und die Idee, die ihm zugrunde liegt, spiegelt zugleich unsere Arbeitsmethode wider: Der Weise kann zwar die Antworten geben, aber der Narr muss zuerst die Fragen stellen. Und im Fragen ist der Narr der Meister, weil sein Blick noch ungetrübt vom Wissen ist.

Die Subjektivität unseres Unterfangens ist vorprogrammiert. Was Jens betrifft, so ist ihm Mauritius in einem solchen Maß zur Alltagswelt geworden, dass seine Unbefangenheit in manchen Bereichen getrübt sein mag, und was mich anbelangt, so kann ich viele meiner Eindrücke nur an den übersteigerten Fantasien messen, mit denen ich ins Flugzeug gestiegen bin. Aber die Beschreibung eines Landes ähnelt eben der Beschreibung eines Menschen: Sein Wesen misst sich immer auch am Wesen des Beschreibenden; Einschätzung, Wertung, Achtung und Antipathie sind stets die Resultate einer feinstofflich-chemischen Reaktion zwischen Kiebitz und Proband.

Mauritius also.

Der Versuch es zu fassen (vor allem in Worte), es einzufangen und festzunageln wie einen Schmetterling, ist definitiv zum Scheitern verurteilt. Man kann sich ihm aber nähern, man kann es vorsichtig einkreisen, um es – in Maßen – verstehen zu lernen. Was immer Julia und ich von diesem Land erwarten, was immer wir darüber zu wissen glauben, nach wenigen Tagen beginnen wir ratlos, es über Bord zu werfen. Jeder Versuch, das Inselleben in bekannte Muster einzuordnen, jeder Ansatz einer Kategorisierung wird im Keim erstickt. Die Schemata bleiben schemenhaft, blitzen auf, schimmern durch und werden schon Minuten später unbarmherzig ad absurdum geführt. Mauritius, so scheint uns, ist die Ausnahme, die sich selbst zur Regel erhebt. Und nicht einmal das lässt sich mit Sicherheit sagen.

In einem Staat, der auf so abenteuerliche und grausame Weise zur Welt kam, bleibt vom traumatischen Erlebnis seiner Geburt kaum etwas unberührt. Die einzige, im eigentlichen Wortsinn periphere Ausnahme bilden die Ränder der Insel, die breiten, lang gestreckten Sandstrände mit den ihnen vorgelagerten wuchernden Korallenfeldern und die südlichen Klippen in all ihrer schroffen Ungerührtheit. Was aber die innere Substanz des Landes anbelangt, seine greifbare, sichtbare Landschaft ebenso wie seine kulturelle und geistige, so lässt sie sich im besten Fall durch Kenntnis der Vergangenheit entschlüsseln.

Die Vertreibung des Paradieses

Mit zweitausend Quadratkilometern knapp fünfmal so groß wie Wien, liegt Mauritius am zwanzigsten südlichen Breitengrad im Indischen Ozean. Damit ist es das vorletzte in einer Reihe immer kleiner werdender Eilande, die sich von Afrika aus gegen Osten hin auffädeln wie die wohlgeordneten Perlen eines göttlichen Juweliers. Auf Madagaskar, dessen Ausdehnung jener der iberischen Halbinsel entspricht, folgt das französische Departement Réunion, das etwa so groß ist wie Luxemburg, dann Mauritius und schließlich, mit einer Größe von hundert Quadratkilometern, Rodrigues, das Mauritius politisch und wirtschaftlich angegliedert ist. Nach Rodrigues kommt gar nichts mehr, nur noch fünftausendfünfhundert Kilometer Wasser bis zur Westküste Australiens.

In der einschlägigen Reiseliteratur findet sich eine Reihe von Büchern und Berichten über Mauritius, die einander zumeist in den Grundzügen gleichen: Euphorisch wird zunächst die prächtige Landschaft gerühmt, die teils üppige, wuchernde Vegetation im Landesinneren, die herrlichen Strände und die mit Myriaden schillernder Fische bevölkerten Buchten. Nicht lange, und das Hohelied auf die Natur der Insel weicht einem Lobgesang auf die Mentalität ihrer Bewohner: Ein beispielloses Potpourri verschiedener Völker, Kulturen und Religionen findet sich hier, so heißt es dann, und alle leben in unverbrüchlichem Frieden und vollkommener Harmonie zusammen …

Gleich vorweg: Keine dieser Behauptungen wird sich im Lauf unseres Aufenthaltes als unrichtig erweisen. Solange wir unseren Blickwinkel auf das beschränken, was wir sehen und erleben *wollen*, solange wir alle Eindrücke beiseiteschieben, die unseren Inselträumen zuwiderlaufen, so lange stellt sich uns Mauritius tatsächlich als ein Garten Eden dar. Der andere, sinistre Teil der Wahrheit tritt erst dann ans Licht, wenn wir die rosarote Touristenbrille ablegen.

Dass die Insel einst ein Paradies auf Erden gewesen sein muss, steht außer Frage. Jahraus, jahrein gesegnet mit Wärme und ausreichend Feuchtigkeit, wuchsen dichte, saftige Wälder aus ihrer fruchtbaren Vulkanerde, und in diesen Wäldern hatten sich über die Zeiten Tiere entwickelt, wie es sie nirgendwo anders gab. Tiere, die keiner Reißzähne, keiner tödlichen Krallen und keines Giftes bedurften, weil sie einander keine Feinde waren. Vögel, die nicht fliegen konnten, weil sie keinen Grund mehr dazu hatten: Von nichts und niemandem bedroht, lebten sie ihr zufriedenes Leben in diesem vegetarischen Schlaraffenland.

Zu Beginn des 16. Jahrhunderts tauchte die bislang unbewohnte Insel erstmals auf portugiesischen Seekarten auf. Von da an dauerte es keine zweihundert Jahre, bis der Mensch ihre Fauna und

Flora unwiederbringlich zerstört hatte. Das hervorragende Ebenholz der mauritischen Urwaldriesen erzielte Höchstpreise auf dem europäischen Markt – Grund genug für die ersten holländischen Siedler, den gesamten Baumbestand abzuholzen. Der Dodo – jener flugunfähige Vogel, der heute das mauritische Wappen ziert – wurde in Rekordzeit ausgerottet. Seine Schwerfälligkeit und seine Zutraulichkeit machten ihn zur leichten Beute für die Matrosen und Siedler, während seine Eier von den unwillentlich eingeschleppten Ratten und den vorsätzlich importierten Schweinen, Ziegen und Affen verspeist wurden. Nicht anders erging es den legendären Riesenschildkröten: Zu Hunderten wurden sie als lebender Proviant an Bord vorbeifahrender Schiffe gebunkert. Man drehte die Tiere auf den Rücken und stapelte sie in den Frachträumen, wo sie – ohne Wasser und Nahrung – oft noch wochenlang vor sich hin vegetierten, bis sie der Schiffskoch von ihrem Schicksal erlöste. Die wenigen Exemplare, die man heute in diversen mauritischen Naturparks bestaunen kann, sind erst im 20. Jahrhundert wieder eingeführt worden. Sie stammen von den Aldabra-Inseln nördlich Madagaskars.

Nachdem die Holländer das Land verwüstet hatten, wurde es von Frankreich annektiert – in erster Linie, um den immer dreisteren Seeräubern, die den florierenden Handel mit Ostindien bedrohten, besser Paroli bieten zu können. Neben Madagaskar und den Inseln Sainte Marie und Réunion hatte Mauritius bis dahin zu den beliebtesten Zufluchtsorten der Freibeuter gezählt, nun verloren sie diesen Stützpunkt an die Franzosen. Der Hafen des heutigen Port Louis wurde ausgebaut, Soldaten und Kriegsschiffe darin stationiert: Alle Maßnahmen wurden ergriffen, um den Kampf gegen die Piraterie zu gewinnen. Dass die Insel knapp zweihundert Jahre später noch einmal als Piratenbasis dienen sollte, sei hier nur am Rand erwähnt: Die unter französischer Flagge segelnden Korsaren, die vornehmlich englische Schiffe überfielen, fanden hier Schutz und Zerstreuung, Kost und Logis.

Nicht nur in militärischer Hinsicht entwickelte sich die französische Kolonie prächtig, sie wurde auch zu einer höchst rentablen Einnahmequelle. Einerseits zählte Port Louis schon bald zu den wichtigsten Handelshäfen im Indischen Ozean, andererseits ermöglichte es der Kahlschlag der Wälder, Landwirtschaft in großem Stil zu betreiben: Aus Ostafrika und Madagaskar wurden Sklaven importiert, um die abgerodeten Böden mit Zuckerrohr zu bepflanzen und den Umsatz der Plantagenbesitzer und Menschenhändler zu mehren. So wuchs der Sklavenhandel binnen weniger Jahre zu einem blühenden und überaus lukrativen Geschäftszweig heran: Gegen Ende des 18. Jahrhunderts betrug der Anteil der Sklaven an der Gesamtbevölkerung nicht weniger als fünfundachtzig Prozent.

Wie diese Leibeigenen behandelt wurden, kann man in diversen Berichten nachlesen: Sie auszupeitschen und anschließend Salz in die klaffenden

Wunden zu reiben, zählte nur zu den Strafen für geringe Vergehen. Fluchtversuche über das offene Meer wurden mit der Amputation von Ohren, Armen oder Beinen geahndet. Die Todesstrafe wandte man dagegen selten an: Es widersprach ganz einfach der wirtschaftlichen Vernunft, eine Arbeitskraft zu töten, die man für teures Geld in Port Louis erstanden hatte.

Dass sie die Sklaven wie Tiere hielten, hinderte die weißen Herren aber nicht daran, ihre menschlichen Bedürfnisse an ihnen zu befriedigen. Der chronische Frauenmangel, der schon zu Zeiten der Holländer auf Mauritius geherrscht hatte, bescherte einer Unzahl junger Sklavinnen die zweifelhafte Ehre, von ihren Besitzern beschlafen und geschwängert zu werden, was für die Kolonialherren in zweierlei Hinsicht einträglich war. Neben dem persönlichen Lustgewinn zogen sie nämlich auch einen beträchtlichen wirtschaftlichen Nutzen daraus, weil die so entstandenen Mischlingskinder ihre Belegschaft vermehrten: Sie galten ebenfalls als Sklaven. Die Kreolen – etwa ein Viertel der heutigen mauritischen Bevölkerung – stammen aus solchen Verbindungen, sie sind gewissermaßen die Nachfahren der Täter wie auch der Opfer.

Im Jahr 1796 wurde die Sklaverei in Frankreich und in seinen Kolonien abgeschafft. In ganz Frankreich? Nein! Eine von unbeugsamen Kolonialisten bevölkerte Insel hörte nicht auf, Widerstand zu leisten – und blieb erfolgreich. Die Proteste der Plantagenbesitzer waren so vehement, dass die französischen Abolitionsgesetze in Mauritius nicht durchgesetzt werden konnten – die Sklaven mussten noch beinahe vierzig Jahre auf ihre Befreiung warten.

Als Folge des englisch-französischen Krieges fiel die Insel im Jahr 1810 an die Engländer. Sie waren es, die der Sklaverei 1835 schließlich ein Ende machten – zumindest auf dem Papier. Als Entschädigung für den Verlust ihrer mehr als kostengünstigen Arbeitskräfte streiften die Plantagenbesitzer nämlich nicht nur hohe Summen aus der englischen Staatskasse ein, sie gingen auch sofort daran, sich Ersatz zu beschaffen: Vorwiegend in Indien wurden befristete Vertragsarbeiter – sogenannte *Kulis* – angeheuert, die von ihren Herren kaum besser behandelt wurden als zuvor die Afrikaner. Da man ihnen in der Regel das nach Ablauf ihrer Verträge zugesicherte Recht auf Rückkehr in ihre Heimat verweigerte und sie stattdessen mit Gewalt dazu zwang, im Land zu bleiben, stellen ihre Nachfahren heute mit beinahe siebzig Prozent die größte Bevölkerungsgruppe. Dazu kommt, dass auch unter den Kreolen ein teils starker indischer Einschlag existiert, was einmal mehr auf den damals geringen weiblichen Bevölkerungsanteil zurückzuführen ist. Oft trafen ganze Schiffsladungen indischer Mädchen in Port Louis ein, die noch im Hafen an heiratswillige kreolische Männer verteilt wurden. Um Animositäten zu vermeiden, führte man die Frauen hinter einen Vorhang, der nur den Blick auf ihre Füße freigab, und ließ dann die Männer ihre Wahl treffen.

Drei Prozent der Mauritier sind Chinesen. Vorwiegend als Händler ins Land gekommen, betreiben sie heute die meisten der Restaurants und viele der kleinen Einkaufsläden in den Städten und Dörfern. Der Rest – um die zwei Prozent – bildet das Schaumhäubchen auf der mauritischen Menschenmelange. Es sind die direkten Ahnen der weißen Kolonialherren, denen heute nach wie vor der Großteil der Insel gehört. An den Besitzverhältnissen hat sich also in den letzten dreihundert Jahren nicht viel geändert.

Am 12. März 1968 entließen die Briten Mauritius in die Unabhängigkeit. Kaum drei Jahre später wurde das Land von schweren Unruhen erschüttert. Es war aber kein Aufruhr gegen die Weißen, die wohl geborgen hinter den Mauern ihrer Anwesen in Floreal oder Trou d'Eau Douce saßen. Islamische Inder und katholische Kreolen waren es, die gegeneinander antraten. Sie lieferten sich tagelange Straßenschlachten, die mehrere Tote forderten und die sich bis heute in das kollektive Gedächtnis der Insulaner eingebrannt haben. Und dann die Sache im Frühjahr 1999, als der populäre kreolische Sänger Kaya wegen Marihuanakonsums ins Gefängnis gesperrt wurde, wo er kurz darauf an einem dubiosen Schädelbruch verstarb. In Folge kam es wieder zu schweren Ausschreitungen: Kreolische Demonstranten besetzten Polizeistationen, plünderten Geschäfte und zerstörten eine Reihe von Hindutempeln; im Gegenzug zündeten mehrere Hundertschaften von Hindus kreolische Häuser an.

Im Kugelhagel der Polizei fanden drei Menschen den Tod.

Eigentlich, sagt unser Mann in Rose Hill, sitzen wir hier auf einem Pulverfass; weil aber alle darauf warten, dass es explodiert, zündet keiner die Lunte an. Offenkundig politische Gewaltverbrechen bilden in der Tat die seltene Ausnahme in der jüngeren mauritischen Geschichte, und wenn sie doch geschehen, bleibt die genaue Deutung ihrer Motive meist im Dunkeln: Der verheerende Brandanschlag, der im Sommer 1999 auf das Casino in Port Louis verübt wurde, ist dafür bezeichnend. Die Frau und die zwei Kinder des chinesischen Besitzers erstickten damals qualvoll im Tresorraum, während das Gebäude völlig ausbrannte. Einige Moslems wurden der Tat beschuldigt und zu lebenslangen Freiheitsstrafen verurteilt. Den wahren Grund für den Anschlag kennt aber bis heute niemand so genau. Politische, rassistische, religiöse Motive? Persönliche gar? Oder doch eine simple Gasexplosion? Die Brandruine stand noch viele Jahre hinter den Markthallen in Port Luis, bevor sie abgerissen wurde.

Trotz all der Probleme, die Mauritius von seiner wechselhaften und tragischen Vergangenheit aufgebürdet wurden, hat es sich in den letzten vierzig Jahren zu einer der wenigen stabilen Demokratien Afrikas entwickelt – es ist an seinem Kindheitstrauma zwar nicht gewachsen, aber doch gereift. Freie Wahlen und Pressefreiheit sind in seiner Verfassung ebenso garantiert wie die Wahrung der Menschenrechte. Dass Garantien dieser Art nicht immer eingehalten werden, ist wohl eher ein globales politisches Phänomen: Korruption und Vetternwirtschaft, eine stetige Tendenz zur Ausweitung des staatlichen Gewaltmonopols, wachsende Kontrolle der Medien und eine mit dem beliebten Slogan »Kampf gegen den Terrorismus« verbrämte zunehmend repressive Gesetzgebung sind beileibe keine mauritische Spezialität. Im Gegenteil: Der Umstand, dass all das auch hier zu finden ist, rückt die Insel nur noch ein Stück näher an den Westen heran. In politischer und wirtschaftlicher Hinsicht gibt sie ein kleines, wenn auch leicht schlampiges Bild der macht- und marktverliebten Welt da draußen wieder.

»Die Leute haben keine Zeit mehr füreinander«, meint Jens eines Abends. »Noch vor zehn Jahren war es gang und gäbe, dass man sich ständig Besuche abstattete. Man trank Rum, aß kleine Häppchen, die hier bei keinem geselligen Zusammensein fehlen dürfen, und plauderte. Heute ist es mit Rum und chinesischen Fritten nicht mehr getan, man muss mindestens Whisky und warme Fleischbällchen servieren, um vor den Nachbarn nicht schlecht dazustehen. Doch weil sich das auf Dauer niemand leisten kann, lädt man auch niemanden mehr ein. Davon abgesehen sind die meisten Menschen zu müde für ein intensives gesellschaftliches Leben: Fast jeder hier hat enorme Kredite zurückzuzahlen, für sein neues Auto, für seinen neuen Fernsehapparat, für seine neue Waschmaschine. Die Leute laufen dem

Geld nach, als ginge es um ihr Leben, und wenn sie es endlich haben, nehmen sie neue Darlehen auf …«

Die New Economy hat also auch Mauritius fest im Griff. Mit allen Nebenwirkungen, die in Europa und in Amerika längst als notwendige Übel jeder Konsumgesellschaft gelten: Reichtum und Armut in extremen Ausformungen, weit verbreiteter Alkoholismus, gesteigerte Selbstmordraten, neuerdings (wenn auch noch im Verborgenen) ein Aufkeimen von Drogensucht und Prostitution. Fernseher, Autos und Waschmaschinen haben eben ihren Preis.

Am nächsten Tag fahren wir mit Jens die Westküste entlang in südlicher Richtung, wo sich – an der Rivière Noire – vor knapp zweihundert Jahren eine Vielzahl der damals befreiten Sklaven niederließ. Sie hatten das Angebot abgelehnt, als nunmehr bezahlte Arbeiter auf den Plantagen zu bleiben, und es stattdessen vorgezogen, in völliger Autonomie von Fischfang und Gemüseanbau zu leben. Später wanderten sie in die Städte und Dörfer ab, um sich nach und nach im großen mauritischen Schmelztiegel zu verlieren.

Das Bild, das sich uns an diesem Morgen bietet, wirkt ganz so, als sei die Zeit stehen geblieben: Ein langer Streifen an der Küste ist in winzige Parzellen gegliedert, auf denen noch winzigere Wellblechverschläge stehen. Zwischen Wäscheleinen und Sperrmüll laufen wilde Hunde herum und stöbern nach Abfällen, aus den Ritzen und Spalten der Hütten, hinter notdürftig über die Türen gespannten Tüchern wirft man uns misstrauische Blicke zu. Es sind die Ärmsten der Armen, die hier ihr Dasein fristen, sie lassen die Not alter Zeiten neu aufleben. *Squatters* werden diese Siedler an der Rivière Noire genannt, und es wird sie, wie Jens uns erklärt, hier nicht mehr lange geben: Da die Hütten illegal auf öffentlichem Grund errichtet wurden, plant die Regierung, sie niederzureißen und ihre Bewohner abzusiedeln – wo man sie unterbringen soll, weiß allerdings bis heute keiner.

Das andere Ende der Wohlstandsskala werden wir später an der gegenüberliegenden östlichen Küste finden. Neben Hotelanlagen und Golfplätzen hat sich hier die Hautevolee des Landes ihre Villen gebaut: Kilometerweit säumen mächtige, von hohen Mauern umfasste Festungen die Gestade der Insel, Wachposten, Pool und Wagenpark inklusive. Der Strand zwischen diesen Anwesen und dem Meer ist zwar öffentlich (ein mehrere Meter breiter Küstenstreifen, der rund um die Insel führt, gehört dem Staat und darf von niemandem in Besitz genommen werden), allein ihn zu erreichen ist meist nur vom Meer her möglich. Schulter an Schulter stehen die Mauern der Prachtchâteaus und verwehren uns den Zugang zum Wasser.

Wetterkapriolen

Schon an unserem zweiten Morgen schaffen wir Platz in unserem Handgepäck, um neben Flossen und Schnorcheln auch einen Regenschirm zu verstauen. In meteorologischer Sicht zeigt sich nämlich der Himmel über Mauritius bei Weitem nicht so ungetrübt, wie es die äquatornahe Lage der Insel vermuten ließe. Kein Tag, an dem nicht die eine oder andere Wolke über das Firmament schliche, und wenige Tage, an denen es nicht gleich ein ganzer Pulk ist, der sich da aufplustert, ausschwärmt und sich zu drohenden Kumulonimbussen auftürmt. Nicht lange, da sprüht auch schon der Regen durch die drückend feuchte Luft, ein dichter Vorhang aus winzigen Tropfen umfängt uns, eine warme Dusche, die einem Vollbad gleicht. Der Regenschirm ist chancenlos gegen diese wirbelnde Attacke, wir kokettieren schon damit, Flossen und Schnorchel anzulegen, als der Wolkenbruch mit einem Mal zu Ende ist, so plötzlich, wie er begonnen hat.

Aber Achtung: Selbst bei bedecktem Himmel und trotz der fast pausenlos wehenden Brise lässt die tropische Sonne hier ganz kräftig ihre Muskeln spielen – eine schmerzliche Erfahrung, die ich gleich bei unserem ersten Ausflug machen muss, obwohl wir in voller Montur und aufrechtem Gang das

Land erkunden. Dem unerfahrenen Inselbesucher sei darum folgender Tipp gegeben: Nehmen Sie regelmäßig Ihre Tube mit Sonnencreme zur Hand, drücken Sie zwei Tropfen heraus und platzieren Sie sie an den obersten Punkten Ihrer Ohrmuscheln, da, wo deren Rundung in die Waagerechte übergeht. Als einzig ungeschützte horizontale Stellen am vertikalen Menschen sind sie nämlich dem Frontalangriff der mauritischen Sonne ganz und gar ausgeliefert, da kann man sich drehen und wenden, wie man will (Glatzenträger ohne entsprechende Kopfbedeckung werden allerdings eine zweite Tube benötigen).

Zweimal im Jahr steht hier die Sonne exakt im Zenit, einmal im Dezember und einmal im Januar. Die Insel verfügt also genau genommen über zwei Hochsommer pro Jahr, die von jeweils einem unmerklich kurzen Früh- und einem längeren Spätsommer unterbrochen werden, den man hier Winter nennt. Dann sinken die Temperaturen um durchschnittlich fünf Grad ab, sie liegen also immer noch bei weit über zwanzig Grad Celsius. Dass sich die Sonne auch im Winter ziemlich seltsam benimmt, hat schon manchen europäischen Wanderer die Orientierung gekostet: Sie steht im Norden, wo sie – astronomisch betrachtet – auch hingehört. Noch ungewohnter als ihre ungehemmte Angriffslust und ihre exzentrische Bahn ist allerdings der Umstand, dass sie außerordentlich früh und unvermittelt unterzugehen pflegt. Selbst im Dezember stürzt sie noch vor sieben Uhr abends plötzlich ins Meer, nachdem sie sich den ganzen Tag mit der Trägheit eines Panzerwagens über den Himmel gewälzt hat. Und von einer Minute zur nächsten, fast ohne Dämmerung, umfängt uns die Finsternis.

Ein ebenso berühmtes wie auch berüchtigtes meteorologisches Phänomen sind die Zyklone, von denen Mauritius alljährlich zwischen Dezember und März heimgesucht wird. Das zweifelhafte Vergnügen, einen dieser verheerenden Wirbelstürme zu erleben, blieb uns auf unserer Reise versagt. Nur einmal braute sich ein großes Sturmtief im Nordosten der Insel zusammen, über das auch ausführlich in den Medien berichtet wurde. Der daraus entstandene Zyklon drehte aber ab, bevor er uns erreichte; er streifte nur die östlich gelegene Insel Rodrigues.

Unser Mann in Rose Hill aber hat die entfesselten Kräfte der tropischen Stürme schon oft genug erlebt; von ihm stammt auch der folgende Bericht:

Es ist so weit. Gerade ist durch den nationalen Rundfunk die Alarmstufe drei ausgerufen worden. Die altbekannte Zyklon-Fanfare ertönt am Anfang und am Ende jeder Durchsage, eine Melodie, die jedem gelernten Mauritier Schauer über den Rücken jagt. Klasse drei heißt, dass keiner mehr das Haus verlassen und dass jeder, der noch unterwegs ist, schleunigst heimgehen sollte. Seit vier Tagen haben alle im Land die Entwicklung der Tiefdruckzone im Nordosten zu einem »tropischen Sturm« und schließlich zu einem Zyklon namens Dinah gespannt verfolgt (mit der Beförderung zum Zyklon erhält jeder Sturm das Recht auf einen Namen und ein Geschlecht!). Jetzt ist es klar, dass sich Dinah direkt auf unsere Insel zubewegt und im Lauf der kommenden Nacht unsere Ostküste streifen wird, wenn nicht noch ein Wunder passiert.

Das Wetter ist schon seit Tagen windig und regnerisch, seit heute früh schüttet es ununterbrochen. Da Vorratshaltung und Notfallsvorsorge dem durchschnittlichen Mauritier fremd sind, haben heute noch alle Leute die Supermärkte gestürmt und sich mit dem versorgt, was ihnen für einen längeren, durch Stromausfälle verschärften Hausarrest am notwendigsten erscheint. Kerzen, Zündhölzer und Batterien für die Schlampigen, die nicht einmal die selbstverständlichsten Dinge lagernd haben, alkoholische Getränke, Zigaretten und Spielkarten für die Genießer, Konservendosen, Mehl und Linsen für die verantwortungsvollen Familienväter. Einige sind vorgestern noch auf ihre Häuser geklettert und haben versucht, die undichten Stellen mit Teer oder Folien abzudichten, aber dafür ist es nun endgültig zu spät. Wer jetzt kein wasserdichtes Dach hat, muss Kübel, Wannen und alte Fetzen bereithalten. Alles, was nicht niet- und nagelfest ist, muss von draußen hereingeholt oder irgendwie verrammelt werden. Im strömenden Regen laufen Väter und Söhne mit Tischen, Sesseln und Topfpflanzen beladen durch ihre Gärten. Die Fenster, die dem Wind am stärksten ausgesetzt sind, werden mit Holzplatten vernagelt. Dann bleibt einem nichts anderes mehr übrig als zu warten und zu hoffen, dass das Haus dem Ansturm standhalten wird.

Wir sitzen im Salon und sehen fern, so wie jeden Tag, nur weniger entspannt. Draußen prasselt es in einem fort, der Wind wird immer heftiger. Um zehn Uhr soll ein neuer Lagebericht von der meteorologischen Station erstellt werden, dann werden wir wissen, wo der Feind sich gerade befindet und mit welcher Kraft er attackieren wird. Plötzlich geht das Licht aus, der Fernseher erlischt. Ist es schon so weit? Aber kaum haben wir die griffbereite Gaslampe ertastet und sie angezündet, flammen auch die elektrischen Lichter wieder auf. Eine kleine Galgenfrist …

Um zweiundzwanzig Uhr zwanzig rufen wir die Nummer 96 an, die Zyklonauskunft, und hören uns das Band an, das den jeweils letzten meteorologischen Report in Englisch und Französisch herunterleiert. Der Zyklon ist nur noch hundertzwanzig Kilometer entfernt, um fünf Uhr früh wird er an der Ostküste sein. Es werden Sturmböen von zweihundert Stundenkilometern erwartet.

Dann, kurz vor dreiundzwanzig Uhr, geht der Strom endgültig aus. Die wenigen Petroleumlampen, Gaslampen und Kerzen erleuchten das Haus nur notdürftig und schaffen eine eher triste als romantische Atmosphäre. Seitdem der Fernseher nicht mehr läuft und auch das vertraute Surren von Kühlschrank und Ventilator verstummt ist, herrscht eine unheimliche Stille im Haus. Nur vom Hausflur her ertönt mit einem Mal ein deutliches Plätschern:

Der Regen hat sich seinen Weg durch den Plafond gebahnt, in großen Tropfen klatscht jetzt das Wasser auf die Fliesen des Stiegenaufgangs. Schnell werden alte Hemden und Plastikeimer an den strategisch wichtigen Stellen platziert. Draußen wird jetzt das Getöse immer stärker. Wir spielen eine Partie Karten und genießen einen eisgekühlten Drink, wer weiß, wie lange sich die Kälte im Kühlschrank noch halten wird. Dann gehen wir ins Bett. Von tiefem Schlaf kann aber keine Rede sein: Wegen der geschlossenen Fenster ist es stickig und schwül, weder Klimaanlage noch Ventilator sind benutzbar. Alles ist von Feuchtigkeit durchdrungen, die Decken und Polster kleben am Körper.

Irgendwann schrecke ich hoch. Keine Ahnung, wie spät es ist, es ist stockdunkel. Draußen herrscht der Weltuntergang, während wir in einer filigranen Arche Noah sitzen. Den Regen kann man nicht mehr als Regen bezeichnen, er gleicht einem Schwall aus Hunderten Hochdruckfeuerwehrschläuchen. Pausenlos werden Tonnen von Wasser gegen die Hausfassade geschleudert. Der Sturm ist jetzt so gewaltig, dass das Haus bei jeder Bö zu tanzen scheint: In seinen Grundfesten erschüttert, schwankt es hin und her, während die Fenster ächzen und sich biegen, als ob sie jeden Augenblick bersten würden. Ein schauderhaftes mehrstimmiges Jaulen dröhnt in meinen Ohren, ein wütendes Brüllen wie von mutierten Monstern in den Horrorvisionen eines Hollywoodregisseurs.

Bei jedem neuen Sturmangriff frage ich mich, ob

die teure Solarheizanlage und der Wassertank wohl noch auf dem Dach sind oder ob sie schon im Garten eines unserer Nachbarn liegen. Ich stehe auf und drehe eine Runde durchs Haus, um nachzusehen, ob alles in Ordnung ist. Unten im Wohnzimmer hat sich an der Wand ein riesiger Wasserfleck gebildet. Auch aus dem Fensterrahmen sickert ein Rinnsal ins Innere. Ich komme gerade noch zurecht, um den Teppich wegzuziehen. Auf der Uhr im Salon sehe ich im Licht der Taschenlampe, dass es halb vier Uhr früh ist. Ich lege mich wieder schlafen, wälze mich unruhig in Albträumen, um nach einiger Zeit von Neuem aufzuwachen. Draußen tobt das Wetter nach wie vor. Es ist sechs Uhr zehn. Wo ist der Feind gerade? Ich rufe 96. Das Zentrum des Zyklons hat den östlichsten Zipfel der Insel um knapp zwanzig Kilometer verfehlt. Um fünf Uhr früh ist Dinahs Auge daran vorbeigezogen. Jetzt bewegt sie sich langsam nach Süden. Das bedeutet, dass das Schlimmste bald vorbei ist, wenn sie nicht noch einmal umdreht und zurückkommt. Ich spähe durch die geschlossenen Fensterläden; draußen beginnt der Tag zu grauen. Mir graut auch vor ihm und vor dem Moment, in dem wir die Tür öffnen und das Chaos draußen zu Gesicht bekommen werden. Trotz des immer noch heulenden Sturms gelingt es mir irgendwann, wieder einzudösen. Am späten Vormittag wecken mich die Stimmen meiner Hausgenossen, man hört ihre aufgeregten Ausrufe und Kommentare, während sie – nervös um sich blickend – durch das morgendliche Haus schleichen, um hier eine Lacke, dort einen nassen Fleck an der Wand zu entdecken. Es herrscht fast eine Stimmung wie am Weihnachtstag oder beim Ostereiersuchen. Nach der ersten Bestandsaufnahme werden alle Verwandten und Freunde angerufen, um zu fragen, wie sie die Nacht überstanden haben. Der Rest des Vormittags wird damit verbracht, die leicht verderblichen, halb aufgetauten Fleisch- und Fischvorräte aus dem Tiefkühlfach zu verarbeiten. Die kostbaren Wildschweinsteaks und die King-size-Shrimps, die wir für unseren Hochzeitstag vorgesehen hatten, müssen jetzt schnell gebraten werden, einfach und ohne delikate Zubereitung: Für eine Marinade ist es zu spät und Gemüse haben wir keines im Haus. Zu Mittag und zum Abendessen werden sie dann mit altbackenem Brot und Erbsen aus der Dose verzehrt.

Aus dem batteriebetriebenen Radio ertönt das musikalische Notprogramm: immer abwechselnd eine indische, eine französische und eine englische Nummer, damit sich niemand aufregen kann. Zu jeder vollen Stunde die gruselige Zyklonfanfare mit dem Bericht der Wetterstation, der in Englisch, Französisch, Kreol und Hindi verlesen wird. Der Zyklon entfernt sich langsam. Gegen Mittag ist der Sturm zu einem stärkeren Wind abgeflaut. Auch der Regen hat aufgehört. Wir riskieren einen Blick durch die Haustür. Der Garten ist mit Ästen und Blättern übersät, der Mangobaum zerzaust und strubbelig – immerhin steht er noch mit erhobenem Haupt, ganz anders als die Palme des Nachbarn, deren Stamm in der Mitte geborsten ist, sodass sie jetzt quer über unserer Gartenmauer hängt. Die Blumen und Kräuter sind spurlos aus ihren Beeten verschwunden. Dafür liegt ein riesiges Stück eines unbekannten Wellblechdachs auf dem Rasen. Wir schließen wieder die Tür, um uns dem Kartenspiel und einer Flasche Rum zu widmen, während wir uns die sündteuren Shrimps achtlos in den Mund stopfen. Das Haus tropft aus allen Löchern, die Luft ist schwül und riecht modrig, aber die Stimmung ist gut. Wir haben Warmwasser, das heißt, dass sich die Solaranlage noch auf dem Dach befindet und dass wir anscheinend ohne größeren Schaden davongekommen sind. Jeden Moment wird die Aufhebung des Alarms erwartet. Wir können nur hoffen, dass es bis morgen früh wieder Strom geben wird, auch wenn wir es bezweifeln: Manchmal dauert es mehrere Tage, bis das Netz wieder völlig hergestellt ist. Morgen werden wir dann den Garten aufräumen. Aber im Moment warten noch zwei Flaschen Rum auf uns, und eine Vielzahl von Geschichten und Anekdoten harrt darauf, erzählt zu werden, während wir die Karten austeilen. Das alte chinesische Ehepaar von nebenan wird wohl auch bald vorbeikommen, sie werden Kostproben ihrer ungewollt aufgetauten, notgebratenen Vorräte mitbringen, so wie immer nach einem Zyklon. Und Charles, der Musiker von weiter oben, mit seiner Gitarre. Heute wird es kein Fernsehen, keinen Computer geben, sondern stattdessen einen gemütlichen Abend im alten Stil, einen Abend mit Plaudereien, Hausmusik und Gesellschaftsspielen. Manchmal ist es fast ein Glück, dass es noch Zyklone gibt.

Tata, Tatar und Tartarus

Von den vergleichsweise wenigen Spuren, die das britische Empire auf Mauritius hinterlassen hat, zählt der Linksverkehr zu den augenfälligsten. Die einschüchternde Wirkung, die er auf den kontinentalen Durchschnittstouristen ausübt, hat wohl schon manches Leben gerettet: Der unbedarfte Fremde verzichtet zumeist darauf, gleich nach der Ankunft ein Auto zu mieten, und zieht es vor, die Lage zu peilen, sich einzugewöhnen, ehe er sich selbst hinters Steuer klemmt. Er wird binnen weniger Stunden erkennen, dass die Umkehrung der ihm vertrauten Vorfahrtsregeln das mit Abstand geringste aller hiesigen Verkehrsprobleme ist. Wer mit offenen Augen durch die mauritischen Straßen wandelt (und alles andere wäre Selbstmord), der wird sich auch für den Rest seines Urlaubs darauf beschränken, das Taxi oder den Bus zu benutzen. Über kurz oder lang wird der Bus als Sieger hervorgehen – schon allein der Reisekasse wegen.

Die öffentlichen Busse sind die tollwütigen Nashörner im mauritischen Verkehrsdschungel, und es ist ohne Frage sicherer, mit ihnen zu fahren als gegen sie. Man hört sie zumeist, bevor man sie riechen kann, und man riecht sie fast immer, bevor man sie sieht – die segensreiche Erfindung des Katalysators ist bislang an der Insel vorübergegangen. Dann aber schaukelt in rasendem Tempo gleich eine ganze Armada heran, klappriges, grölendes Blech, und während sich der erste aus der Kolonne quietschend an der Haltestelle einbremst, um die wartenden Fahrgäste aufzunehmen, scheren die anderen aus, wuchten ihre Tonnen auf die Gegenfahrbahn und donnern vorbei – ohne Rücksicht auf Verluste, denn was zählt, ist der Gewinn.

Es gibt eine Unzahl verschiedener Busunternehmen auf Mauritius, die einander täglich einen beinharten Konkurrenzkampf liefern, ohne ihre Routen oder Fahrzeiten auch nur ansatzweise aufeinander abzustimmen (einzig die Preise sind normiert; sie sind – gemessen an den europäischen – ziemlich moderat). Dieser unkoordinierte Kampf um jeden Fahrgast spiegelt den Aufschwung wider, den die wirtschaftsliberale Regierung dem ganzen Land beschert. Die Mauritier dagegen murmeln etwas von »Korruption« und »mafiaähnlichen Zuständen«, aber sie tun es so leise, dass man sie nur selten durch ihre vorgehaltenen Hände verstehen kann. Immerhin: Einer der Gründe für die äußerst niedrige mauritische Arbeitslosenrate scheint die Vollbeschäftigung in den Bussen dieser zumeist indischen, seltener muslimischen Unternehmen zu sein. Da ist zunächst der Fahrer, ohne den ja auch die westlichen Verkehrsmittel noch nicht auskommen können. Er thront (natürlich auf der rechten Seite) in einem mächtigen Glaskobel, der an das vatikanische Papamobil erinnert. Seine Aufgabe ist eine rein mechanische: Er muss in den Kurven das Lenkrad drehen, und er muss aufs Gaspedal treten, so fest und so oft er kann. Als Kapitän und Navigator, Koordinator und Betreuer fungiert dagegen der Schaffner. Er dirigiert die Passagiere, bugsiert sie hinaus und winkt sie herein, er hantelt sich selbst bei schwerster Krängung im rollenden Rumpf des Busses hin und her, nennt den Preis, kassiert, zählt nach, gibt heraus, kurbelt und drückt an seiner eisernen, vorsintflutlichen Fahrscheinmaschine, verteilt elegant die Tickets, schlingert dann wieder nach vorne zum Bug, befiehlt dem Fahrer lautstark, hier nicht zu halten, da nicht zu bremsen, dort in jedem Fall zu überholen, klettert an einer roten Ampel aus dem Bus, um Brötchen beim nahe gelegenen Bäcker zu holen, wacht endlich wieder mit ungerührtem Blick über das Schlachtfeld Straße und seine kleine Fahrgastarmee. In Mauritius wollen die kleinen Kinder Schaffner werden, wenn sie groß sind, nicht Chauffeur.

Zu guter Letzt die Kontrolleure. Sie sind die grauen Eminenzen des öffentlichen Verkehrswesens, und wie bei allen grauen Eminenzen weiß keiner so genau, was sie eigentlich tun (die Vermutung liegt allerdings nahe, dass ihre Aufgabe nicht so sehr die Jagd auf blinde Passagiere als jene auf betrügerische Schaffner ist). Auf einer längeren Strecke – etwa den fünfzehn Kilometern zwischen Port Louis und Grand Baie – kommt es nicht selten vor, dass nacheinander bis zu vier Kontrolleure den Wagen entern und ihre kleinen Löcher in die Fahrscheine stanzen. Wenn der Kontrolleur fertig gestanzt hat, beginnt er, mit dem Schaffner zu verhandeln. Es wird diskutiert, kalkuliert und geschätzt, umfangreiche Listen werden ausgetauscht, geprüft und neu berechnet, schließlich unterschrieben. Das alles passiert natürlich, während der Bus wie ein wild gewordenes Rhinozeros von Schlagloch zu Schlagloch hüpft …

Überhaupt die Busse. Als Hauptdarsteller in diesem dröhnenden Straßentheater machen sie – zumindest in optischer Hinsicht – einen mehr als würdigen Eindruck. Manchmal heißen sie Leyland oder Bedford, die meisten aber tragen den seltsam vertrauten Namen Tata. Ein Anklang an das Tatü-Tata der Feuerwehr, die sich mit ihren gleichsam akustischen Ellenbogen die Vorfahrt erkämpft? Ein linguistischer Hinweis darauf, dass der Tata der Vater aller mauritischen Busse ist? Oder gar ein despektierlicher Wink mit dem kreolischen Ausdruck *Tata*, der vor allem Kindern gegenüber verwendet wird und der schlicht und ergreifend »Scheiße« bedeutet? Nein. Tata ist ganz einfach der Name des größten indischen Lastwagenherstellers.

Der mauritische Tata wirkt auf den ersten Blick wie ein Autobus aus alten Kinderbüchern: Zwar ist er nicht immer knallrot, aber die industrielle Stromlinienflut, die vor rund fünfzig Jahren über alle Gegenstände des täglichen Gebrauchs hereinbrach, hat auch ihn nicht verschont. Entschärft ist seine kantige Schuhschachtelform, als hätten lange Fahrten auf unwegsamen Urwaldpfaden sie geglättet und abgeschliffen; so hüllt er sich in die Aura des Haudegens, des alterprobten Abenteurers. Wo kleinere und größere Karambolagen die Karosserie noch unversehrt gelassen haben, da finden sich Reste einstmals glänzender Chromverzierungen und legen Zeugnis ab von einer Zeit, in der die Funktionalität der Verspieltheit, die Ökonomie der Ästhetik noch die Ehre erwiesen.

Wunderbar verspielt wirkt auch der kleine Metallkasten, der in allen Bussen innen über der Windschutzscheibe angebracht ist. In ihm steckt eine liebevoll beschriftete Stoffrolle, die vom Schaffner mithilfe einer Handkurbel weitergedreht werden kann. Durch ein ins Blech geschnittenes Fenster wird auf diese Art die angepeilte Endstation avisiert.

Hat man die Einfahrt des Busses in die Station überlebt, was mit einer eingesprungenen Hechtrolle rückwärts gut möglich ist, muss man zunächst warten, bis die bereits beförderten Fahrgäste ausgestiegen sind. Erst auf ein flüchtiges Zeichen des Schaffners hin, das mit einem lässig gebrummten »Allez!« bekräftigt wird, darf man sich der engen, steilen Treppe nähern, die ins Innere führt. In der Regel wartet der Chauffeur geduldig mit der Weiterfahrt, bis man die Stiegen erklommen und einen Sitzplatz gefunden hat: Würde er den Bus schon in Bewegung setzen, bevor seine menschliche Fracht verstaut und gesichert ist, wären Brüche und Quetschungen unvermeidlich.

Ich sitze links neben Julia auf einem Gangplatz und nestle das schon vorher abgezählte Fahrgeld aus der Hosentasche, während der Schaffner billardkugelartig auf mich zusteuert. Krampfhaft versuche ich, mir das vor Antritt der Fahrt gelernte Wort in Erinnerung zu rufen, die Station nämlich, an der wir aussteigen wollen; gerade noch rechtzeitig fällt es mir ein und ich brülle es so gelassen, so *einheimisch* es nur irgend möglich ist, dem Schaffner zu. Er, der seinen Körper indessen kunstvoll zwischen den Sitzreihen verkeilt hat, um den stetigen Schlaglochlevitationen entgegenzuwirken, legt verständnislos die Stirn in Falten. Seine Antwort verpufft im Dröhnen der Maschine; ich kann ihn ebenso wenig verstehen wie er mich. Ich strecke ihm also die halb geöffnete Hand mit den Münzen entgegen, während sich nun, wie auf ein Zeichen, die Augen der umsitzenden Reisenden auf mich richten. Man darf die Hand nicht öffnen. Kein Insulaner öffnet im fahrenden Bus die Hand. Ich verliere an der nächsten Bodenwelle zwei Münzen, die unwiederbringlich in den Tiefen des Tata verschwinden, ich grabe in der Hose nach Ersatz, kriege einen Schein zu fassen, halte ihn dem ausdruckslos wartenden Schaffner hin, um die peinliche Prozedur zu einem raschen Ende zu bringen. Minuten später habe ich die Hosentasche mit Scheidemünzen prall gefüllt, und ich versuche zu entspannen, während ich mit einer Faust den druckfrischen Fahrschein umklammere, mit der anderen das schweißgetränkte Taschentuch.

Im Gegensatz zu den Einheimischen, die sich nun wieder in ihren Sitzen rekeln, bald vor sich hin dösen oder einschlafen, fällt dem Fremden jedoch das Entspannen in mauritischen Bussen schwer. Und das liegt nicht alleine an den Stoßdämpfern, die noch aus Kolonialzeiten stammen dürften. Das ständige, unvermeidliche Mitfiebern mit dem Fahrer, das auf eine hilflose Geste reduzierte Lenken, Bremsen, Hupen und Beten lässt den touristischen Fahrgast bald vergessen, dass ihm sein schalensitzverwöhntes Hinterteil in rüdester Art zum Tatar geritten wird. Vor allem aber – und das ist wohl die bedeutsamste Aufgabe des ortsfremden Busreisenden – muss er die Gegend beobachten, die Strecke antizipieren, um die von ihm angestrebte Station schon aus der Ferne zu erahnen. Neben jeder der Sitzreihen sind nämlich Seilzüge angebracht, an denen der Aussteigewillige zu ziehen hat. Tut er es, ertönt ein lautes Schrillen oder Quäken, das den Chauffeur daran erinnern soll, beizeiten nach der offensichtlich gut versteckten Bremse zu suchen. Jeder, der den Bus verlassen will, zieht an diesem Halteseil, obwohl der Bus ja doch nur ein Mal stehen bleiben kann. Es ist ein Ritual, und Rituale sind – wie wir noch sehen werden – das Salz in der mauritischen Suppe.

Der Bremsvorgang des Busses dient allerdings nicht nur der Entschleunigung. Er hat einen zweiten, mindestens ebenso wichtigen Zweck: Der geschickte Chauffeur kann alleine mithilfe von Bremse und Gaspedal die vordere Klapptüre öffnen und schließen, deren Hydraulik längst den Weg alles Irdischen gegangen ist. Es funktioniert ganz einfach: Werden die im Bus befindlichen Personen und Gegenstände durch ein plötzliches Haltemanöver nach vorne geschleudert, klappt quietschend die Tür auf. Wird man dagegen beim Verlassen der Station durch raketenartige Beschleunigung in seinen Sitz gepresst, während einem das Mittagessen des Vordermanns ins Gesicht klatscht, dann schließt sich auch die Falttür wie von Geisterhand. Diese Ausnutzung der physikalischen Trägheitsgesetze fordert dem Fahrer, der Maschine und den Reisenden das Äußerste ab – dennoch entbehrt sie nicht einer gewissen Grandezza.

Wer nun glaubt, der Hölle entronnen zu sein, kaum dass er – eingehüllt in die dicken Rauchschwaden des sich entfernenden Busses – wieder auf der Straße steht, der irrt gewaltig. Geschützt vom wuchtigen Blechwanst des Tata hat er höchstens einen Vorgeschmack auf den mauritischen Tartarus erlebt, der sich Individualverkehr nennt.

Hinge nicht ständig ihr schwerer Bleigeruch über den Straßen, man müsste annehmen, dass mauritische Automobile mit kleinen roten *piments* betrieben werden, wie man die Chilischoten hier zu nennen pflegt. Obwohl sie – der Natur der Insel entsprechend – in keine Richtung sehr weit fahren können, bevor sie ins Meer fallen, fahren die motorisierten Insulaner so oft und so rasch wie möglich. Wenn es sich auch selten ohne Schrammen und Beulen präsentiert, dient ihnen das Auto doch als Statussymbol und Identifikationsobjekt. So haben sie es aus der westlichen Werbung gelernt. Selbst kürzeste Strecken legen sie mit dem

Wagen zurück – nur wer keinen besitzt, muss sich wohl oder übel auf Moped und Fahrrad beschränken (Zweiräder werden hier übrigens fast immer ohne Licht betrieben, vielleicht wegen der besseren Kraftnutzung). Gefahren wird grundsätzlich in der Straßenmitte; bei Gegenverkehr bleiben die Kontrahenten so lange auf Kollisionskurs, bis der Nervenschwächere das Steuer nach links verreißt. Links befindet sich aber gerade ein Mopedfahrer, der gerade einen Radfahrer überholt, der gerade an einem Fußgänger vorbeifährt, der gerade ein Auto umrundet, dessen Fahrer angehalten hat, um einen flüchtigen Bekannten zu begrüßen. Die Zahl der auf den meist sehr schmalen Straßen stehenden Autos ist Legion, und zwar nicht nur wegen der Unmenge zu begrüßender Bekannter, sondern auch, weil es (außer in den Städten Port Louis, Rose Hill, Quatre Bornes und Curepipe) so gut wie keine Haltezonen oder gar Parkplätze gibt.

Als einfacher Fußgänger hat man auf den mauritischen Straßen die geringsten Überlebenschancen. Das liegt zum Teil am enormen Verkehrsaufkommen des Landes und an der rüden Fahrweise seiner Bewohner, vor allem aber an der vermeintlichen Absenz jedweder Verkehrsplanung: Auch Trottoirs existieren nur in den größeren Städten; sie sind zumeist so überfüllt mit Straßenhändlern und Passanten, dass man letztlich doch auf die Fahrbahn ausweichen muss, um voranzukommen. In kleineren Ortschaften gibt es gar keine Gehsteige. Stattdessen säumen hier tiefe Kanäle die ausgefransten Asphaltränder der Straße und lauern geduldig auf Knöchel und Vorderachsen.

Auch von der Erfindung des Zebrastreifens scheint man in Mauritius – trotz der Nähe zum afrikanischen Kontinent – noch selten gehört zu haben. Man nehme zum Beispiel Grande Rivière, einen der meistfrequentierten Verkehrsknotenpunkte an der Einfahrt nach Port Louis: Um zwischen den großen westlichen und südlichen Buslinien zu wechseln, müssen hier täglich mehrere tausend Passanten die Hauptstraße überqueren, die sich just an dieser Stelle als stolzer vierspuriger Highway präsentiert. Den Fußgängerübergang, der in Grande Rivière sogar vorhanden ist, benutzt allerdings niemand: Er wurde circa zweihundert Meter stadteinwärts angelegt, wahrscheinlich um den Verkehr nicht zu behindern.

Oder man versuche, vom brodelnden südlichen Busbahnhof auf direktem Weg in den Hafen der Hauptstadt zu kommen, zur sogenannten Caudan Waterfront, einem erst vor wenigen Jahren aus dem Boden gestampften Touristenviertel mit Hotels, Pubs und Boutiquen. Sobald man dem Bus entstiegen ist, liegt die Waterfront zum Greifen nahe jenseits der Hauptstraße – und damit jenseits eines kilometerlangen Gitterzauns, den man fügsam bis zum Stadtzentrum entlanglaufen muss, bevor man die rettende Unterführung zum Hafen findet. Weniger fügsame Mauritier pflegen einfach über die Barriere zu klettern, um sich den Umweg zu ersparen.

Zweimal täglich ist es dem Fußgänger allerdings möglich, vollkommen ungefährdet von einer Seite der Hauptstraße auf die andere zu gelangen – zumindest in und um Port Louis: Mit der Regelmäßigkeit der Gezeiten bilden sich hier nämlich an jedem Morgen und Nachmittag kilometerlange Staus, die sich erst nach Stunden wieder aufzulösen pflegen. Kein Wunder, sind doch alle relevanten Firmen, Behörden und damit Arbeitsplätze der Insel in Port Louis zentralisiert.

Man gewöhnt sich an vieles. Und so weicht der erste Schrecken des touristischen Freiwilds bald der Verblüffung des westlichen Beobachters. Sobald unsere Blicke ein wenig tiefer dringen, sobald wir sie erst von den Autos zu deren Fahrern, von den verbeulten Rüstungen dieser mauritischen Straßenkämpfer zu ihren Gesichtern wandern lassen, verstehen wir nämlich gar nichts mehr: Kein böses Wort, keine wütende Geste begleitet all das Drängen und Schneiden, Stoßen und Hupen der täglichen Maschinenschlacht, kein Drohen und Schimpfen und Fluchen und Brüllen, wie man es in den von sich selbst so bezeichneten zivilisierten Kulturen schon als Kind auf dem Rücksitz lernt. Nein, mit stoischer Gelassenheit lenken die Mauritier ihre Wagen hinter- und neben-, an- und gegeneinander, ohne gesteigerte Rücksicht zwar, ohne freundliches Platzmachen oder gar höfliche Gesten der Dankbarkeit, aber auch ohne jeden Hass. In dieser Hinsicht – aber auch nur in dieser – ist Mauritius ein durch und durch buddhistisches Land.

Natur ist, wenn es trotzdem blüht

Mehr noch als der Kreislauf oder die Verdauung, mehr noch als die Ohren, die Nase und die Haut ist es das Auge, das sich erst an Mauritius gewöhnen muss, jedenfalls überall dort, wo der Mensch seine Wurzeln geschlagen hat. Und Menschen gibt es hier im Übermaß: Mit knapp fünfhundertneunzig Einwohnern pro Quadratkilometer steht Mauritius an elfter Stelle aller unabhängigen Staaten der Welt, was die Bevölkerungsdichte betrifft (zum Vergleich: In Österreich leben durchschnittlich siebenundneunzig Menschen auf einem Quadratkilometer). Wenn man sich nun vergegenwärtigt, dass die meisten dieser Leute in einem schmalen, dicht verbauten Streifen anzutreffen sind, der sich entlang der Hauptstraße von Port Louis aus ins bergige Zentrum der Insel zieht, dann kann man sich eine Vorstellung von dem ungeheuren Trubel machen, der in dieser sogenannten »urbanisierten Zone« herrscht.

Vor allem Port Louis ist tagsüber ein einziger brodelnder Hexenkessel. In seinen Straßen und Gassen pulsiert das Leben mit solch einer lärmenden und drängenden Betriebsamkeit, dass ich mich immerzu frage, wann dieser Brennpunkt, dieses Herz der Insel kollabieren wird. Die Straßen und Gassen sind von Tausenden Händlern gesäumt, die lauthals ihre Waren anpreisen, dazwischen drängen sich farbenprächtige Inderinnen, Moslems in wallenden Dschellabas, eilige chinesische Geschäftsleute, eifrig diskutierende Kreolen. Hin und wieder schiebt sich eine Hand in mein Blickfeld, in der ein paar Batterien oder zwei Topflappen liegen: Auch die Ärmsten versuchen, hier ein paar Rupees zu verdienen, selbst wenn ihr ganzes Warenlager in einer Hosentasche Platz hat. In den Häuserzeilen hinter den Straßenhändlern reiht sich ebenfalls ein Geschäft an das andere, vorwiegend Läden mit Kleidern und Haushaltsgeräten, aber auch solche, deren Bestimmung uns völlig unklar bleibt, dunkle, modrige Höhlen, in denen riesige Haufen undefinierbarer Gegenstände liegen. Als ich Jens vor einem dieser Läden frage, ob er Näheres darüber weiß, zuckt er die Achseln. »Nein«, meint er, »zwölf Jahre Mauritius sind zu kurz, ich habe es noch nicht herausgefunden.«

Je näher wir dem chinesischen Viertel kommen, desto stärker umwogt uns die allgemeine Hektik, und dann, kurz vor der großen Moschee, stehen wir plötzlich im Zentrum des Zentrums, in den Markthallen von Port Louis. Der Trubel ist unbeschreiblich. Wir schieben uns Schritt für Schritt durch die Zeilen der Marktstände, auf denen sich Berge von Früchten, von Gemüse, von Gewürzen türmen. Wellen nie gerochener Düfte umfluten unsere Nasen, während uns vom lauten Stimmengewirr der feilschenden Händler und Kunden die Ohren dröhnen. Mit einer prallen Plastiktüte voller Lychees und *piments* flüchten wir schließlich auf den malerischen Innenhof der Hallen hinaus, um gleich vis-à-vis in das düstere Labyrinth der Textil- und Souvenirverkäufer einzutauchen. Hier ist es zwar ein wenig ruhiger (kaum ein Einheimischer betritt diesen touristischen Teil des Marktes), aber dafür entpuppt sich unser Streifzug durch den weit verzweigten Irrgarten als regelrechter Spießrutenlauf: kein einziger Händler, der nicht versuchte, uns wortreich auf seine Kaschmirschals und Polohemden, auf seine Räucherstäbchen und auf seine kleinen, holzgeschnitzten Dodos hinzuweisen, keiner, der uns nicht sofort in seine Koje zerren wollte, um uns einen der handgefertigten Besen aus Palmenrinde zu verkaufen, wie man sie in Mauritius auch heute noch zur Vertreibung von bösen Geistern und Dämonen verwendet. Die Höflichkeit gebietet es zunächst noch, jedes einzelne dieser Angebote mit freundlich-dankbaren Gesten und Worten abzulehnen, aber auch unsere Höflichkeit hat Grenzen: Bereits bei unserem dritten Marktbesuch streben wir zielsicher durch die Gänge und Zeilen (obwohl wir gar kein Ziel haben) und beschränken jede unserer Gruß- und Dankesbekundungen auf ein kurzes, gelangweiltes Nicken. Ja, bei unserem dritten Besuch: Das schillernde Gewühl dieser Stadt macht uns süchtig, nachdem wir uns erst daran gewöhnt haben, und so wird es uns noch oft nach Port Louis verschlagen, auch wenn wir selbst nicht recht wissen, warum …

Die Hauptstadt präsentiert sich nämlich ähnlich schmutzig, wirr und zerzaust wie der ganze Rest der urbanisierten Zone. Zwischen Wolkenkratzern, die – wie es scheint – völlig planlos aus dem Boden sprießen, und gesichtslosen, uneinheitlichen Betonbauten verstecken sich zwar noch vereinzelte, meist halb verfallene Holzhäuser der Kolonialzeit, doch vermag ihr schlichter Charme gegen die Grobheit ihrer Nachbarschaft, gegen die Hässlichkeit des ganzen Stadtbilds wenig auszurichten. Verlässt man Port Louis, um sich durch die dicht besiedelten Gebiete nach Südosten zu begeben, oder fährt man durch die vergleichsweise aufgelockerten Wohngegenden im Süden oder im Nordosten, tritt die totale Absenz jeglichen kollektiven Gestaltungswillens noch stärker zutage. Zahllose unverputzte Betonskelette ziehen an einem vorbei, dazwischen Müllhalden und Schrottplätze, Steinmauern, Lattenzäune, verschämte windschiefe Wellblechhütten, ab und zu die eine oder andere Kirche, Pagode oder Moschee. All das ist mit grellbunten Geschäftsschildern und Plakaten in verschiedenen Sprachen und Schriftzeichen zugepflastert, sie kleben auf Häusern und Holzverschlägen, Pfosten und Bäumen. Keine ruhige Linie findet sich hier, kein noch so kleiner Ausschnitt des Gesamtbilds, der das Auge nicht irritierte und ermüdete, der sich in seiner pointillistischen Wirrnis nicht geradezu dagegen auflehnte, betrachtet zu werden. Das Stadt- und Dorfbild ist ein einziges riesiges Flickwerk, es spiegelt das historische und ethnische, vor allem aber das soziale Durcheinander wider, dessen Kind Mauritius letztlich ist.

Die extremen Gegensätze, die in den Straßen der urbanisierten Zone aufeinanderprallen, finden im ebenso krassen Kontrast zwischen Zersiedelung und Natur ihre Fortsetzung. Immer wieder stoßen wir auf völlig unvermutete, überwältigende Oasen der Wildnis, die inmitten der zubetonierten Gebiete vor sich hin wuchern. In Belle Etoile beispielsweise, einem unscheinbaren, mittelständischen Wohnviertel zwischen Port Louis und Beau Bassin, in das es uns nur verschlägt, weil Jens auf dem Heimweg von einer unserer Ausfahrten noch rasch einen Bekannten besuchen will. Statt ihn zu begleiten, beschließen Julia und ich, einen kleinen Spaziergang zu machen: Wir gehen die brüchige, von kleinen Bungalows, Mauern und Gärten gesäumte Straße entlang, bis wir an eine unbebaute Stelle gelangen, an ein weitläufiges Grundstück, dessen Ende nicht abzusehen ist. Von Neugier getrieben, betreten wir es, klettern über Berge von Schutt und Müll und faustgroßen Schneckenhäusern, bahnen uns unseren Weg durch schütteres Buschwerk – und schrecken zurück: Keine zwei Schritte vor uns tut sich unvermittelt ein Abgrund auf, eine Schlucht von gigantischen Ausmaßen, die hier, gut hundert Meter tief und ebenso breit, das Land durchschneidet. Auf den beinahe senkrechten Hängen wuchert saftiges, schillerndes Grün, weit unten schlängelt sich ein glitzernder Fluss durch die Dschungelvegetation, auf dem riesige Seerosen treiben. Wir können winzige Schatten erkennen, die durch die Baumkronen huschen: Eine Horde wilder Affen hält dort ihre Turnübungen ab. Schwindelerregend und atemberaubend zugleich ist dieser Anblick, ein Bild wie aus dem tiefsten Amazonas. Später erst wird uns die Wanderkarte den Namen des Flusses verraten, der sich da über Jahrtausende in die Landschaft gefräst hat: Es ist die Grande Rivière Nord Ouest, die weiter südlich bei Curepipe entspringt.

Mitten in der Stadt Curepipe, die im vergleichsweise kühlen Bergland liegt, findet sich übrigens ein weiteres, überraschendes Stück Urtümlichkeit: der Vulkankrater Trou aux Cerfs, ein tiefer, mit dichtem Wald bewachsener Kessel, in dessen Mitte ein kleiner See liegt.

Mutter Natur mag sich zügeln und gerade noch im Zaum halten lassen, vollkommen zähmen lässt sie sich nicht. Ohne Unterlass rebelliert sie gegen ihre eigene Vertreibung, bäumt sich im wahrsten Sinn des Wortes auf. Auch im Kleinen, zwischen den Häusern und Hütten, arbeitet sie mit vollem Elan, um die Wunden zu heilen, die ihre Kinder ihr geschlagen haben. An den Straßenrändern, in Höfen, Gärten und Passagen sprießt sie mit scheinbar ungebrochener Lebenskraft, und wer sie heute nicht skeptisch im Auge behält, um sie gegebenenfalls mit der Heckenschere zu bändigen, der muss sich den Weg zu seinem Haus schon morgen mit dem Buschmesser bahnen – so kommt es uns jedenfalls vor. Als ewiger Quälgeist der Kleinhäusler und Schrebergärtner bemüht sie sich also nach Kräften, die optischen Sünden der Zivilisation zu kaschieren. Jetzt, gegen Ende November, beginnen überall die *flamboyants* zu blühen, die Flammenbäume, die das Land schon bald in ihr loderndes Rot tauchen werden – Wochen später, als wir Abschied nehmen, scheint die ganze Insel zu brennen.

Die scheinbare Auflehnung der Natur ist also nichts als ein Atemholen, ein Anlauf, den sie nimmt, um jeden Tag aufs Neue ihr unerschöpfliches Füllhorn über den Menschen auszugießen. Man nehme nur die unzähligen Mangobäume, die überall die Straßen und Gassen säumen: Regelmäßig werfen sie ihre süßen, fleischigen Früchte ab, man braucht sie nur noch aufzuklauben. Die mauritischen Mangos sind übrigens nur halb so groß wie jene, die man bei uns im Supermarkt zu kaufen kriegt, aber dafür doppelt so wohlschmeckend. Nicht nur Julia und ich drehen regelmäßig unsere Runden, um Gratisobst zu sammeln, auch die mauritischen Flughunde tun es. Wenn sich der Tag dem Ende zuneigt und die kurze Dämmerung einbricht, schwirren ganze Scharen dieser mächtigen Fledermäuse heran und lassen sich in den Baumwipfeln zum Abendessen nieder.

Das Verhältnis der anderen, der vierbeinigen, bodenverhafteten Hunde zur Mango ist dagegen ein ambivalentes. Einerseits schmecken die Früchte auch ihnen vorzüglich, andererseits zeigen sie großen Respekt davor: Reife Mangos sind schwer – und sie fallen aus großer Höhe. Mehr als einmal können wir einen der vielen herrenlosen

Hunde beobachten, wie er in sicherer Distanz um den kühlen Schatten eines Mangobaums streift. Irgendwann fasst er sich ein Herz, prescht mit gesenktem Kopf und angelegten Ohren vor, schnappt sich in vollem Lauf eine der auf der Erde liegenden Früchte, um – ohne zu bremsen – gleich wieder aus dem Zielgebiet eines möglichen Bombardements zu flüchten. Ein Stück weit entfernt lässt er sich dann im prallen Sonnenlicht nieder und lutscht genüsslich an seiner Beute herum.

Der Reichtum an Obst- und Gemüsesorten, die in Mauritius gedeihen, ist Legion: Neben Bananen, Ananas, Kürbissen und Tomaten finden wir Jackfruits und Papayas, Karambolen und Bilimbis, Lychees, Maniok- und Yuccawurzeln, Taros, Okras und natürlich Chilis in allen Farben, Formen und Schärfegraden, um nur einige wenige zu nennen. Wenn von Nutzpflanzen die Rede ist, darf man natürlich die ausgedehnten Zuckerrohrfelder nicht unerwähnt lassen, die gut achtzig Prozent der mauritischen Anbauflächen bedecken. Und die Teeplantagen, die in den höheren Regionen angelegt wurden. Neben alldem bietet die Insel auch noch Platz für Rinderzuchten, Golfplätze und riesige Jagdreviere (rund zwanzigtausend Stück Rotwild leben hier in geschützten Weidegebieten).

Sie meint es wirklich nur gut, die Natur. Das tropische Treibhausklima legt zunächst noch die Vermutung nahe, dass sich in braunroten Erdfurchen, unter flimmernd heißen Steinen oder im dampfenden, dicht verschlungenen Unterholz gefährliche Tiere verbergen, giftiges Schlangengezücht oder tödliche Spinnen und Skorpione. Aber nichts dergleichen. Absolut nichts. Der schlimmste Angriff, den die mauritische Landfauna gegen den Menschen reitet, ist der eine oder andere Moskitostich.

Im Wasser sieht es ein wenig anders aus, obwohl sich die Bedrohungen auch hier in Grenzen halten. Immerhin gibt es drei Fische, die dem unbesonnenen Schwimmer, Taucher oder Schnorchler durchaus gefährlich werden können: den Zitterrochen, den Steinfisch und den Rotfeuerfisch (es kann schon ein Bein oder mehr kosten, wenn man sich ohne Flossen oder Gummischuhe auf eines dieser Tiere stellt). Abgesehen von der stets gebotenen Vorsicht gestalten sich aber unsere Schnorchelausflüge mehr als vergnüglich. Zwischen den Korallengärten schillert es in allen Farben, bizarre, teils unvorstellbar komische Kreaturen tanzen im lauwarmen Wasser um uns herum, Kreaturen, die mich mehr als einmal zum Lachen bringen (was mit dem Schnorchel im Mund eine nicht zu unterschätzende Herausforderung darstellt). Schon die Namen dieser Fische weisen auf ihre schnittige Schönheit oder eben auf ihre kauzige Seltsamkeit hin: Papageienfische, Kofferfische, Dicklippen, Trompetenfische, Kaiserfische, Wimpel-, Kugel- und Neonfische geben sich und uns ein wirbelndes Stelldichein. Hin und wieder glotzt eine kleine Muräne aus ihrer Felsspaltenwohnung und wirft uns verächtliche, ja misanthropische Blicke zu, gerade so als wolle sie sagen: »Macht bloß, dass ihr weiterkommt, ihr hässlichen Landplagen, ich kaufe nichts!«

Minimundus im Indischen Ozean

Das Problem mit der Mobilität wird schier unüberwindbar, als wir beschließen, uns nicht mit Einkaufstouren und Strandausflügen zu begnügen: Die Busse fahren vorwiegend die Städte und Badeorte an, während uns die wilderen, spärlich bis gar nicht besiedelten Regionen im Landesinneren verschlossen bleiben. Unser Mann in Rose Hill hat Erbarmen. Er tankt seinen Pick-up voll und begibt sich mit uns auf die Reise in das menschenleere, märchenhafte Mauritius, in ein Mauritius, dessen landschaftliche Vielfalt uns in blankes Erstaunen versetzt. Wir bewegen uns durch beinah jede Landschaftsform der nichtpolaren Zonen (außer der Wüste: Schließlich bedarf die herkömmliche Wüste der Trockenheit, und Trockenheit ist nun eines der wenigen Dinge, die man in diesem Land vergeblich sucht).

Am Badeort Flic en Flac vorbei fahren wir Richtung Süden, durch endlose, wogende Zuckerrohrfelder, die an diesem Tag im prallen Sonnenlicht liegen. Seltsame, Hunderte Meter lange Metallkonstruktionen stehen auf den Feldern, schwarze, auf Flugzeugrädern gelagerte Gestänge, die, wie wir bald sehen, der Bewässerung dienen: Mit einem Mal kommt Leben in die Riesenraupen, sie beginnen einen feinen Sprühnebel auszustoßen, ein regenbogenbuntes Schillern, das sich weithin über das Land zieht.

Rechts von uns funkelt das Meer durch die ausgedehnten Filaowälder, die fast immer die Strände zum Land hin säumen. Wir nähern uns der Armensiedlung an der Rivière Noire. Schon jetzt ragt die Silhouette des Morne Brabant vor uns auf, des sogenannten »Sklavenbergs«, der auf der südwestlichen Spitze der Insel steht. Auf seinem unzugänglichen Hochplateau haben sich einstmals geflohene Sklaven versteckt, und es heißt, dass sich im Lauf der Zeit nicht wenige von ihnen das Leben nahmen. Die meisten aber sollen sich ausgerechnet an jenem Tag in den Tod gestürzt haben, an dem ein Trupp englischer Soldaten den Berg erklomm, um ihnen die Nachricht ihrer Befreiung zu überbringen – ein Missverständnis, das in die Annalen der Insel einging.

Die Landschaft hier strahlt allerdings nichts von der düsteren Geschichte ihrer Bewohner aus, im Gegenteil: Sie ist märchenhaft. In allen erdenklichen Grüntönen leuchten die Wälder, die sich links von uns in das zentrale Hochland ziehen; vom Waldrand her fallen sanfte Grashänge ab, die bis an das Wasser reichen – englischer Rasen und Indischer Ozean berühren einander. Hin und wieder zieht ein Banyanbaum unsere Blicke auf sich, das Raubtier unter den Inselpflanzen: Seine Samen werden von Vögeln gefressen und bald im Flug wieder ausgeschieden. Wenn nun der Samen auf eine andere Pflanze fällt (wozu hier die Chancen naturgemäß gut stehen), beginnt der Banyanbaum, seinem Wirt das Leben auszusaugen. Bald schickt er seine eigenen Wurzeln zur Erde hinunter, die immer kräftiger und zahlreicher werden, bis sich ein mächtiges, labyrinthisches Luftwurzelzelt gebildet hat: In seinem Schatten finden oft ganze mauritische Großfamilien ausreichend Platz für ein Picknick.

Kaum fahren wir weiter, verändert sich die Landschaft abermals. In das romantische Bild mischt sich nun eine wildere Note. Wir umrunden die hohe, umbrandete Klippe bei Baie du Cap und finden uns an der felsigen Südküste wieder. Niedriger, knorriger ist hier die Vegetation, sie duckt sich förmlich unter dem rauen Wind, der vom offenen Meer her weht. Jens parkt den Wagen und zeigt uns einen Trampelpfad, der uns direkt zum zerklüfteten Ufer bringt (er selbst hält einstweilen ein Nickerchen hinter dem Lenkrad – zu oft schon hat er seine Freunde und Verwandten aus Europa hierher geführt). Bald erhebt sich vor uns eine riesige Felsformation aus dem Wasser: La Roche qui Pleure – der weinende Fels. Ungebremst stürmen hier die Wellen gegen die Küste an, verfangen sich brodelnd und zischend im porösen Gestein, ziehen sich bald zurück, um Kraft für den nächsten Angriff zu sammeln – und wirklich: Aus Hunderttausenden Löchern und Ritzen entströmt nun das Wasser dem Felsen, aus Hunderttausenden Augen fließen die salzigen Tränen wieder ins Meer. Kein Zweifel: Er weint, der Fels.

Zehn Kilometer weiter östlich gibt es einen anderen, noch eindrucksvolleren Küstenfelsen zu bestaunen, dem seine außergewöhnlichen Fähigkeiten zu einem eigenen Namen verholfen haben: Le Souffleur. Irgendwie schafft er es, die heranrollenden Meereswogen so zu beschleunigen und zu verdichten, dass sie als riesenhafte Fontänen aus seinen rissigen Klüften hervorspritzen – bei starkem Seegang erreichen diese Wasserspiele bis zu hundert Meter Höhe. Der Weg zum Souffleur ist allerdings nicht leicht zu finden. Er führt über saftige, beinahe irisch anmutende Wiesen, an niedrigen Steinmauern und weidenden Schaf- und Rinderherden vorbei bis an die Ehrfurcht gebietende südliche Steilküste. Jens mutet dem Pick-up hier das Äußerste zu: Ohne zu wissen, ob es eine Möglichkeit zur Umkehr gibt, lenkt er ihn einen engen und steilen Sandweg hinab, um dann durch schütter bewachsene, von seichten Flussarmen durchzogene Dünen am Meer entlangzufahren. Nach etwa fünf Minuten geraten wir zu einem hohen Sandhügel, der uns endgültig den Weg versperrt. Während Jens (mittels abenteuerlicher Manöver) den Wagen wendet, erklimmen Julia und ich den Hügel, um einen Blick dahinter zu werfen. Ein sichelförmiger, nebelverhangener Strand liegt vor uns. Zwei Männer stehen reglos am Wasser, sie halten lange Angelruten in den Händen. Hinter ihnen aber ragen indische Urwaldkulissen hoch: Unwegsam, üppig und dicht steigt der Dschungel an, eine dampfende, geheimnisvolle Kathedrale.

Wir kehren dem Meer den Rücken und wenden uns nach Norden, dem Hochland zu. Der Pick-up schnauft die Straße hinauf, müht sich durch sanft gewölbte, tiefgrüne Teeplantagen, bevor er die Waldgrenze passiert. Und wieder ändert sich das Bild dramatisch: Plötzlich finden wir uns auf einer Schweizer Alpenstraße wieder, die in schier endlosen Serpentinen durch dichte, hochgeschossene Mischwälder führt. Hier, in rund siebenhundert Meter Höhe findet sich das Grand Bassin, der bedeutsamste, wenn auch bei Weitem nicht größte See von Mauritius. Einmal im Jahr wird er zum Ziel aller Hindus der Insel: In der Zeit zwischen Februar und März machen sich etwa dreihunderttausend Gläubige zu Fuß auf den Weg, um hier das Fest Maha Shivaratri zu feiern. An den Gestaden des Sees stehen ungezählte farbenprächtige Statuen, Standbilder der beinahe dreißigtausend indischen Götter, denen das ganze Jahr über Gaben dargebracht werden: Ohne bigottes Tamtam tummeln sich indische Frauen in leuchtend bunten Saris am Ufer, scherzen und lachen, während sie Kokosmilch ins Wasser gießen, Brot auf den Steinen platzieren und ganze Bündel der obligatorischen Räucherstäbchen entzünden. Das Grand Bassin ist übrigens das einzige der dreizehn heiligen Gewässer des Hinduismus, das sich außerhalb Indiens befindet.

Schottisches Hochmoor? Ja, auch das. Wir finden es weiter im Westen, während wir uns dem Ursprung der Grande Rivière Noire nähern. Dann aber öffnet sich unvermittelt ein mächtiges Tal vor uns, eine viele Kilometer umfassende, von kleinen Schluchten durchfurchte Baumkronendecke, die sich bis zum weit, weit hinten in der Ferne schimmernden Ozean erstreckt. Ein atemberaubender Anblick, ein optischer Rausch, den auch der freche Affe nicht mindern kann, der sich uns plötzlich von hinten nähert. Um ihn von unseren Taschen und Kameras abzulenken, verehren wir ihm ein Gastgeschenk: eine Banane, die er kurze Zeit später vor unseren Augen verzehrt, friedlich zwar, aber nicht ohne freche Grimassen und die eine oder andere obszöne Geste.

Ordnung ist relativ

Mit der offiziellen Amtssprache haben die mauritischen Verkehrsregeln nicht nur gemeinsam, dass sie englisch sind, sondern auch, dass sie im täglichen Leben eine mehr als untergeordnete Rolle spielen. Selbst die Anwesenheit der Polizei, die (im Gegensatz zum Militär) auf den Straßen der Insel ziemlich präsent ist, hält die heimischen Fahrer nicht davon ab, zu tun und zu lassen, wonach ihnen ist – und die anderen tun und lassen zu lassen, wonach den anderen ist. Der frankophone Begriff des Laisser-faire bestimmt aber nicht nur den Ablauf des Straßenverkehrs, er zieht sich, wie es scheint, durch den gesamten Alltag. Was die Mauritier hier praktizieren, ist durchaus keine kommunale Trotzköpfigkeit, sondern ein schlichtes Desinteresse an Geboten, die nicht direkt von Gott kommen. Der Umgang mit Vorschriften und Gesetzen aller Art gleicht eher dem einer aufgeweckten und intelligenten als dem einer pubertierenden Kinderschar. Was der Verstand (ungeachtet möglicher – vielleicht auch schmerzvoller – Einsichten, die ihm noch verborgen sind) für sinnvoll hält, das wird auch befolgt. Was aber einzig und alleine dazu dient, einer höheren Ordnungsmacht Genüge zu tun, verpufft im insularen Äther.

Auf die zeitlebens in den Richtschnüren der

Legislative verstrickten Mitteleuropäerinnen und Mitteleuropäer wirkt dieses geistige Klima wie ein Jungbrunnen (solange sie nicht gerade die Hauptstraße überqueren wollen). Es ist schon verblüffend, wie schwer es ihrem verängstigten Verstand fällt, den inneren Paragrafenreiter von seinem Amtsschimmel zu stupsen. Was mich betrifft, so merke ich erst am Tag unserer Abreise, dass mein Respekt vor dem Gesetz bedenklich gelitten hat, ja dass mein Rechtsempfinden regelrecht verlottert ist:

Die Mauritier sind keine besonders passionierten Raucher. Es entsteht aber der Eindruck, dass der verbreitete Hang zum Nichtrauchen kein Ergebnis staatlicher Aufklärung oder Repression ist, sondern eines der völligen Freiwilligkeit. Man hat eben Lust aufs Nichtrauchen, also tut man es auch. Die vereinzelten Raucher, denen man im Lauf eines Tages begegnet, sieht man dafür so gut wie überall an ihren Zigaretten ziehen. Entsprechende Verbotsschilder sind selten, auch die schulmeisterlichen Slogans auf den Zigarettenschachteln, die vor Impotenz und Flatulenz, Demenz, Tod und Verdammnis warnen, sind ihnen lange erspart geblieben. Mittlerweile hat die Regierung im Bestreben, »moderne europäische Maßstäbe« anzulegen, rigorose Anti-Rauchergesetze erlassen, wie sie zum Teil grotesker nicht sein könnten (und wie sie von der Polizei kaum durchzusetzen sind). So ist das Rauchen neuerdings im Auto nur dann erlaubt, wenn alle Insassen zugleich an einer Zigarette ziehen. Man denke an die Umsatzsteigerung der Tabakhersteller, würde man sich brav an die Vorschrift halten.

Auf dem Flughafen, diesem Brennpunkt des klinisch-didaktischen Internationalismus, ist das Rauchen flächendeckend untersagt. Sogar in der Snackbar der Wartehalle, die der abreisewillige Raucher im Normalfall dazu nützt, sein letztes Brandopfer vor dem Flug darzubringen, wird er von überdimensionalen Aufklebern mit durchgestrichenen Zigaretten förmlich erschlagen. Wir haben die Einwegschleuse der Passkontrolle bereits passiert, ein Umkehren ist unmöglich, sechs Uhr dreißig in der Früh, noch fast drei Stunden bis zum Start. Während Julia Kaffee holt, suche ich nach einem verschwiegenen Platz, um mich auf elf Stunden nikotinfreie Flugzeit vorzubereiten. Es gibt keinen. Aus den Augenwinkeln beobachte ich die wachsende Schar ratloser Mitreisender, die gleich mir durch die Halle streift, Ecken und Winkel durchstöbernd, um eine Wand, eine Säule, eine Nische ohne entsprechenden Aufkleber zu finden. Irgendwann kehre ich erfolglos und verärgert in die Snackbar zurück und verfluche einmal mehr die Amerikaner, weil sie damit angefangen haben, die Modeströmung des Nichtrauchens zur religiösen Doktrin zu erheben, um – wie mit fast jedem ihrer Dogmen – gleich die ganze Welt damit zu verseuchen. Jetzt aber, so kurz vor dem Abschied, beginnt die mauritische Zwanglosigkeit auch bei mir zu greifen: Ich lehne mich neben die Toilettentüren am Ende der Halle und rauche mir eine an. Keine zehn Sekunden dauert es, bis sich eine Frau aus der Menge löst und mit grimmigem Blick auf mich zusteuert. Während ich mich bereits auf eine Rüge gefasst mache, nestelt sie ein Päckchen Zigaretten aus ihrer Handtasche und stellt sich neben mich. Über uns, groß und leuchtend, das Verbotsschild an der Wand.

Zwei Minuten später sind wir schon zu fünft. Und nach einer Viertelstunde hat sich eine ansehnliche Raucherkolonie gebildet, eine Achse des Bösen sozusagen, deren Aktionsradius bis in die Außenbezirke der Snackbar reicht. Das eigentlich Symptomatische an Mauritius ist aber nicht die Zusammenrottung nikotinabhängiger Ausländer vor dem Herrenklo, sondern der Umstand, dass keiner der mauritischen Flughafenangestellten einschreitet. Pausenlos defilieren Uniformierte verschiedener Chargen an uns vorbei, vom Wachdienst bis zum Putzpersonal, aber keiner verliert auch nur ein ungnädiges Wort ...

Für unseren Mann in Rose Hill macht diese geistige Grundhaltung Mauritius zu einem der lebens- und liebenswertesten Länder dieser Erde. Und Jens ist – wohlgemerkt – Nichtraucher. Dass man hier leben kann, ohne sich von früh bis spät durch einen nervenzermürbenden Dschungel staatlicher Vorschriften kämpfen zu müssen, dass die latente Angst vor Fehltritt und Strafe hier nicht zur bürgerlichen Grundausstattung gehört, lässt (jenseits aller gesellschaftlichen Zwänge) ein Gefühl innerer Freiheit aufkommen, wie es keine Armee dieser

Welt in keinem Land dieser Welt je zu erbomben vermag.

Man kann nicht alles haben. Ohne Zweifel zeitigt eine so elastische Beziehung zur öffentlichen Ordnung auch negative Effekte. Abgesehen vom schon erwähnten Verkehrsschlamassel ist zum Beispiel auch das klägliche architektonische Bild darauf zurückzuführen, das die Wohngebiete prägt. Die unglaubliche Zahl halb fertiger, unverputzter Neubauten sticht ins Auge, Neubauten aber, die so neu gar nicht sind: Regen, Wind und Sonne haben sich längst im schmucklosen Waschbeton verewigt, haben untrügliche Zeichen des Alters in die grauen Ziegelblöcke erodiert. Wäscheleinen und spielende Kinder untermauern unseren Verdacht, dass diese Gerippe längst bewohnt werden. Wir schütteln verständnislos die Köpfe. Ist allen mauritischen Bauherren gleichzeitig das Geld ausgegangen? Hat ein plötzlicher Börsencrash das ganze Land in die Krise gestürzt? Unser Mann in Rose Hill löst einmal mehr das Rätsel: »Nein«, sagt er grinsend, »es ist viel einfacher. In Mauritius musst du erst dann Grundsteuern zahlen, wenn dein Haus völlig fertiggestellt ist ...«

Ein gewisser Mangel an Respekt vor der Legislative setzt sich auch im Privaten und Zwischenmenschlichen fort. Bei aller Hilfsbereitschaft und Nächstenliebe, die den Mauritiern eigen ist, lässt ihre Zuverlässigkeit, besonders ihre Pünktlichkeit bisweilen stark zu wünschen übrig. Nicht nur einmal müssen wir erleben, dass Jens von einem

Arbeitstreffen nach Hause kommt, das gar nicht stattgefunden hat – sein Geschäftspartner oder Auftraggeber ist einfach nicht erschienen. Jens trägt es längst mit Fassung: »Früher«, so meint er, »bin ich ein paar Mal pro Woche ausgerastet vor Ärger und Wut. Inzwischen weiß ich, dass keine Bosheit dahinter steckt. Es ist eher eine Art kindlicher Unbefangenheit in einer Welt, in der sich die Dinge ohnehin von alleine regeln. Vor Kurzem zum Beispiel, da waren Marie-Lourdes und ich zum Dinner bei Freunden eingeladen. Aus lauter Gedankenlosigkeit haben wir pünktlich um neunzehn Uhr an ihre Tür geklopft. Die schwer geschockte Hausherrin hat uns im Bademantel geöffnet, mit halb lackierten Zehennägeln und Lockenwicklern in den Haaren. Und das Dinner«, fügt Jens hinzu und lacht, »das Dinner ist noch freudig gackernd im Hof herumgelaufen ...«

Wenige Tage später bekommen wir die Chance, unsere eigene Gelassenheit zu testen. Zur Feier von Julias Geburtstag haben wir eine Ausfahrt aufs Meer gebucht: einen Tagestrip mit dem Katamaran, Tauchgänge außerhalb des Korallengürtels, Schwimmen mit den Delfinen, gegrillter Hummer am schattigen Strand der südwestlichen Île aux Bénitiers. Abfahrt um acht Uhr früh.

Wir bleiben gelassen, als der Fahrer kurz nach halb zehn am vereinbarten Treffpunkt erscheint, wir bleiben auch gelassen, als wir den Katamaran sehen: Er entpuppt sich als schlichtes Motorboot, auf dem sich bald zwölf vergnügungssüchtige

Urlauber drängen, voller Vorfreude auf Hummer und Delfine. Wir bleiben ebenso gelassen, als man uns die Tauchausrüstung präsentiert: ein Paar Flossen und eine Kindertaucherbrille. Die Delfine bekommen wir wirklich zu Gesicht, einen ganzen Schwarm sogar: Gehetzt von einer Armada aus Touristenbooten durchschneiden ihre glitzernden Körper die Wellen. Dass das Schwimmen unter solchen Umständen nicht erlaubt ist, versteht sich von selbst. Wir bleiben gelassen. Und wer braucht schon Hummer? Ein Paar Würstchen tut's auch. Dazu gibt es Rum, so viel das Herz begehrt, und dieser Rum ist es schließlich, der unsere Gelassenheit ins Unermessliche steigert.

Gleich am folgenden Morgen brechen wir auf, um uns – abseits teurer und schlecht organisierter Touristenangebote – von dem missglückten Ausflug zu erholen. Wie gewohnt nehmen wir den Bus nach Port Louis, durchqueren zu Fuß die Stadt und besteigen einen weiteren Bus, der uns nach Norden bringt (Port Louis besitzt zwei große Busbahnhöfe, einen südlichen und einen nördlichen, zwischen denen der umsteigewillige Reisende einen rund halbstündigen Fußmarsch zu bewältigen hat). Bald schaukeln und rumpeln wir unserem Ziel entgegen, einem weitläufigen Strand knapp unter der Pointe aux Cannoniers, einer Landzunge im Nordwesten der Insel. Nichtstun lautet heute die Devise, oder: fast nichts tun. Wir aalen uns im weißen Sand, baden im kristallklaren Wasser, betrachten die wenigen Schäfchenwolken, die über den Himmel ziehen, lesen und dösen. In Wien hetzen die Menschen jetzt dick vermummt durch die eisige Mariahilfer Straße, hecheln von Kaufhaus zu Kaufhaus, um noch rasch die letzten Weihnachtsgeschenke zu besorgen. Nicht, dass das nahende Fest die Mauritier kalt lassen würde: Über den in der Hitze dampfenden Hafen der Hauptstadt spannen sich lange Leuchtgirlanden, blinkende Sterne und Glöckchen; nahe der Kaimauer hat man sogar einen Weihnachtsbaum aufgestellt, davor Santa Claus mit Zipfelmütze und Winterstiefeln …

Ein plötzliches Trommeln reißt mich aus meinen Gedanken, ein rollendes, rhythmisches Hämmern, das aus dem Wäldchen gleich hinter uns dringt. Zwischen den Schlägen lässt sich – je nach Stärke des Windes – ein seltsamer Gesang vernehmen, der mir durch Ohren und Herz direkt in die Lenden fährt. Wir halten Nachschau und entdecken bald eine Gruppe älterer Hindufrauen, die sich im Schatten der Filaos niedergelassen haben. Drei von ihnen schlagen auf flachen Trommeln und Rasseln den Rhythmus, zwei weitere wiegen sich in der Mitte des Kreises, klatschen und singen. Schneller werden schon bald die Gesänge, drängender auch der stürmische Schwung ihrer Hüften, wild umwirbelt vom Stoff der farbenprächtigen Saris. Sie tanzen die *Sega*, jenen feurigen, wüsten, erotischen, ungestümen und vor Lebenslust sprühenden Tanz, der als musikalisches Markenzeichen der Insel gilt: Wie auch die kreolische Sprache ist die *Sega* in den Zeiten der Sklaverei entstanden, und trotz aller afrikanischen (manche meinen auch: indischen) Einflüsse ist sie ein durch und durch mauritisches Eigenprodukt.

Als uns die Frauen bemerken, laden sie uns lachend und gestikulierend ein, uns zu ihnen zu gesellen. Wir setzen uns also und fallen – mit der gebotenen Schüchternheit nordischer Exoten – in ihr Klatschen und Stampfen mit ein. Über unseren Köpfen rauscht sanft der Passat in den Wipfeln, vom Strand her hört man das leise Plätschern der Wellen. Ein köstlicher Duft nach gebratenem Fisch umschmeichelt mit einem Mal unsere Nasen: Nicht weit von uns hat eine kreolische Familie Zeltplanen aufgespannt und ein Lagerfeuer entzündet. Im Kreis darum sitzt nun mindestens ein Dutzend Menschen, Alte und Junge, sie plaudern, grillen und genießen den sonnigen Nachmittag.

Nach weiteren Stunden der Kontemplation beschließen wir schweren Herzens, aufzubrechen. Der Strand und das Wäldchen sind mittlerweile menschenleer, die Sonne stürzt dem Horizont entgegen: Ihr Untergang markiert die Abfahrtszeit des letzten Busses nach Port Louis. Als wir dann in der Dunkelheit die Stadt erreichen, trauen wir kaum unseren Augen: Sie hat mit der Stadt, wie wir sie mittlerweile kennen, absolut nichts mehr zu tun. Ausgestorben liegen die Gassen und Straßen, nur ein paar müde Straßenkehrer und eine Handvoll Betrunkener lungern im fahlen Schein der Laternen. Als ich den Blick senke, scheint der Boden unter mir zu schwanken – ja, er bewegt sich regelrecht:

Zwischen all den Abfällen des Markttages, zwischen Papierfetzen und Plastiktüten, zertretenen Früchten, abgenagten Knochen und Fischköpfen tummeln sich Tausende Kakerlaken zu unseren Füßen, ein ungeheures, krabbelndes Meer von Insekten, glänzend schwarz und groß wie Einwegfeuerzeuge. Wir sind froh und erleichtert, als die Lichter des südlichen Busbahnhofs vor uns auftauchen – vor allem das Licht des letzten fahrplanmäßigen Busses, der uns zurück nach Rose Hill bringen wird.

So gesellig die Mauritier auch sein mögen, so lebensfroh und soziabel sie auch ihre Tage verbringen, als Nachtschwärmer kann man sie nicht bezeichnen. In manchen Dörfern sieht man abends noch kleinere Gruppen von Männern unter den Bäumen sitzen, die Domino oder *Carrom* (eine Art Fingerbillard, das aus Indien stammt) spielen, während sich ihre Frauen über die Gartenzäune hinweg die letzten Neuigkeiten zurufen, aber im Großen und Ganzen kommt das öffentliche Leben der Insel mit dem Einbruch der Dunkelheit zum Erliegen. Es reduziert sich auf das nächtliche Treiben hinter den Mauern der großen Hotelanlagen, auf einige Pubs und Diskotheken (unter anderem im kürzlich neu entstandenen Businesspark Ebène) und auf die sogenannte *boutik chinois*, eine zentrale, wenn auch von den meisten Touristen unbemerkte Institution des mauritischen Alltags. Der Begriff *boutik chinois* bezeichnet nichts anderes als die kleinen Greißlereien, die traditionellerweise von chinesischen

Immigranten der ersten oder zweiten Generation geführt, inzwischen aber immer öfter von Indern und Kreolen übernommen werden. Es gibt diese Läden in jeder, auch in der kleinsten Ortschaft, und sie bieten im staubigen Halbdunkel des gegen die Sonne verbarrikadierten Geschäftsraums alles an, was der durchschnittliche Insulaner zum Leben braucht: Sardinenkonserven, Klosettpapier, Maniokkekse, Plastiksandalen, Batterien, Bier und – selbstverständlich – Rum. Die *boutik* dient als eigentlicher Treffpunkt jedes Viertels, sie ist Kaffeehaus, Bar und Bassena in einem. Hier erfährt man das Neueste aus der Gerüchteküche, hier trifft man sich zum abendlichen Plausch an der Theke oder zum nächtlichen Besäufnis in einem eigens dafür reservierten Hinterzimmer. Hier wird auch der ebenso große wie chronische Traum jedes Mauritiers diskutiert und geträumt: mit einem hundertprozentigen Tipp den Hauptgewinn beim Pferderennen einzustreifen, das an jedem Samstag auf dem Champ de Mars, der großen Rennbahn in Port Louis stattfindet (der Mauritius Turf Club auf dem Marsfeld ist übrigens der älteste Pferderennclub der südlichen Erdhalbkugel: Er wurde bereits im Jahr 1812 gegründet).

Das spärliche Nachtleben findet hier also hinter den Mauern und Wänden statt, während die Straßen den Kakerlaken gehören – und den Hunden …

Ich kann es mir nicht verkneifen, an dieser Stelle noch einen weiteren Tipp anzubringen, der einmal mehr die Ohren des unerfahrenen Mauritiusreisenden betrifft: Falls Sie nicht vorhaben, in einer der weitläufigen Hotelanlagen zu nächtigen, die ja vom normalen Inselleben weitgehend abgeschirmt sind, sondern sich ein Privatzimmer mieten oder bei Freunden wohnen wollen, dann vergessen Sie nicht, sich rechtzeitig mit Ohropax einzudecken. Der Grund dafür ist ein unerbittlicher Hundekrieg, der Nacht für Nacht das Land überrollt. Es ist ein Kampf zwischen Straßen- und Haushunden, eine Schlacht zwischen Obdachlosen und Sesshaften, ein Bellen, Knurren, Kläffen, Winseln und Heulen über die Gartenzäune hinweg (kein Garten, kein Hof, in dem nicht zumindest ein Hund seinen Wachdienst verrichtete). Irgendwo, vielleicht im Südosten bei Mahebourg, nimmt der Radau seinen Ausgang, um sich dann ringförmig, ja telegrafenartig über die gesamte Insel zu verbreiten. Sie können sicher sein: Um zwei, um drei, um vier Uhr nachts klingt ganz Mauritius wie ein riesiger Hundezwinger.

Inselzauber

Dass Glaube und Religion in Mauritius eine überaus wichtige Rolle spielen, kann niemandem lange verborgen bleiben. Mehrmals täglich erklingt der sonore Gesang des Muezzins über das Land und vereint sich – wohl oder übel – mit dem Läuten der Kirchenglocken, während Hindus und Buddhisten von alldem unbeeindruckt ihren kleinen Gartenaltären Opfergaben darbringen. So sehr der wachsende Einfluss einer westlich-materiellen Lebenseinstellung auch spürbar sein mag, eine große Portion transzendentalen Denkens ist und bleibt in jedem Mauritier tief verwurzelt. Entsprechend ausgiebig werden auch kirchliche Feiern begangen, deren Ablauf von einem ungeschriebenen, aber strengen Regelwerk bis ins Kleinste festgelegt wird. Zu den pompösesten Festen gehören die Hochzeiten, die ohne Weiteres zwei Jahresgehälter eines mauritischen Durchschnittsverdieners verschlingen (bei einer mittelgroßen indischen Hochzeit sind bis zu achthundert Leute zu verköstigen). Rituale strukturieren das Inselleben, und es sind durchaus nicht nur kirchliche Bräuche, die hier gepflogen werden …

Die Grenze zwischen Glauben und Aberglauben ist wie die Grenze zwischen Grund und Boden. Neben aller Frömmigkeit haben auch mystische Kulte und Praktiken ihren festen Platz im mauritischen Alltag, und mehr noch: Ihre Bedeutung scheint jene der anerkannten Weltreligionen oft genug zu übertreffen.

Es sind nur ganz kleine, flüchtige Bilder, die zunächst gar nicht in unser Bewusstsein dringen: eine fein säuberlich aufgeschnittene Kokosnuss etwa, die unangetastet in der Mitte einer Straßenkreuzung liegt, oder eine geöffnete, volle Sardinendose im Schatten eines Mauerwinkels. Als wir bei den Nachbarn unseres Mannes in Rose Hill zum Kaffee eingeladen sind, fällt mein Blick auf ein kleines Häufchen Reis unter dem Sofa, kurz danach auf eine Handvoll Münzen in der Ecke des Raumes. Meinen diesbezüglichen Fragen begegnet Claude, der Gastgeber, mit leicht überspannter Belustigung: Es sei nur ein alter Brauch, meint er mit wegwerfender Geste, eine Tradition, deren Bedeutung er selbst nicht mehr kenne. Man tue derlei Dinge eben, vor allem die Kinder hätten ihre Freude daran …

Als ich mich aber etwas später den Münzen nähere und mich neugierig zu ihnen hinunterbeuge, durchzuckt es den Hausherrn. Schon ist er an meiner Seite, um mich mit sanfter Gewalt und nur leidlich kaschierter Nervosität aus der Zimmerecke zu ziehen.

Auch Jens und seine Frau können sich den latenten Verlockungen des Okkulten nicht ganz entziehen, wobei Jens das beste Beispiel dafür gibt, dass Magie und Religion einander ohne Weiteres die Hände reichen können. Vor jedem Ausflug mit dem Auto bekreuzigt er sich, nicht selten auch während der Fahrt, wenn er an einer roten Ampel halten muss. Das steht nun aber in keinerlei Widerspruch zu seiner an uns gerichteten Aufforderung, nach Sonnenuntergang keine Früchte mehr vom Mangobaum zu pflücken: Es gehe die Mär, dass man dadurch den Zorn der Baumgeister entfache und dass ihre Rache fürchterlich sei – natürlich nur ein lächerlicher Aberglaube, ja, aber trotzdem sei Vorsicht geboten …

Magische Praktiken kamen zunächst mit den afrikanischen und indischen, zuletzt auch mit den chinesischen Einwanderern nach Mauritius, und sie haben – vielleicht auch wegen der Heimlichkeit, die ihnen innewohnt – ihren ethnischen Charakter weitgehend beibehalten. Nicht, dass sich die Angehörigen verschiedener Volksgruppen auf die eigenen Traditionen beschränken würden (jeder probiert alles aus, Hauptsache, es hilft), aber die Herkunft der jeweiligen Überlieferung bleibt klar definiert. Die schwarze Magie etwa ist die Domäne der afrikanischen Kreolen, deren Vorväter sie einst aus Madagaskar ins Land gebracht haben. Somit ist sie eines der ganz wenigen Elemente afrikanischer Kultur, das die Jahrhunderte relativ unbeschadet überdauert hat. Die Schwarzmagier werden *Longanisten* genannt; nach wie vor erfreuen sie sich großen Respekts und regen Zulaufs der Bevölkerung. Ob es nun unerwiderte Liebe ist, chronische Geldnot, eine schwierige berufliche Entscheidung oder eine schwelende Feindschaft, die man ein für alle Mal begraben will (wenn möglich, indem man den Feind begräbt): Den von rätselhaften Gesten begleiteten Beschwörungsformeln des *Longanisten* gilt die Hoffnung und das Vertrauen vieler Mauritier. Nicht selten spielen Hühner eine entscheidende Rolle bei diesen Ritualen, Hühner, die so schwarz sein müssen wie die Magie, der sie dienen. Die Klienten suchen oft tagelang nach dem geeigneten Federvieh, was den Preis für schwarze Hennen so sehr in die Höhe getrieben hat, dass findige Geflügelzüchter zuweilen mit kosmetischen Mitteln nachhelfen. Der *Longanist* pflegt aber auch gefärbte Hühner zu akzeptieren – gerupft und gebraten schmecken alle Hähnchen gleich.

Bei den Indern (besonders bei den tamilischen) und bei den Chinesen bestimmt eine schier erdrückende Zahl kleiner Vorschriften und Regeln den Alltag, ganz zu schweigen von wichtigen Entscheidungen, die niemals ohne vorangegangenes astrologisches Gutachten und spezielle Zeremonien getroffen werden. Krankheiten aller Art treibt man mithilfe magischer Formeln aus – oder man projiziert sie auf Kokosnüsse, die dann an stark frequentierten Plätzen deponiert werden, damit sich das Übel auf den nächsten, ahnungslosen Passanten überträgt. Rachsüchtige Dämonen wie der tamilische *Minispreng* (aus dem der mauritische Volksmund den grausigen Kinderschreck *ministre prince* gemacht hat) müssen einmal im Jahr mit Ölsardinen, Zigaretten und Rum besänftigt werden. Selbst in den Chefetagen der größten chinesischen Industriebetriebe, die zu den Säulen der mauritischen Wirtschaft gehören, werden Entscheidungen nach streng magischen Kriterien getroffen: Wenn eine Zahl oder Farbe Unglück verheißt, bleiben auch die günstigsten Geschäftschancen ungenützt, werden die aussichtsreichsten Verträge nicht unterschrieben. Manchmal übersiedeln ganze Firmen in unzulängliche, sündhaft teure Gebäude, weil der Astrologe dazu geraten hat oder weil ein »Geldbaum« im Hinterhof wächst.

Wie stark das Übersinnliche den mauritischen Alltag beeinflussen kann, zeigt das Beispiel des *touni minui*, eines Werwolfs, der 1994 in den nördlichen Vororten von Port Louis sein Unwesen trieb und dort eine regelrechte Massenpsychose auslöste. Der *touni minui* erschien ausnahmslos Frauen, die sich gerade alleine im Haus befanden; er machte ihnen unsittliche Anträge, zuweilen schlug und kratzte er sie auch, wenn sie sich gegen ihn zur Wehr setzten. Er kam durch verschlossene Türen und verschwand auf ebenso unerklärliche Weise durch die Wände, wobei er immer splitternackt auftrat. Wochenlang beschäftigte der Werwolf die Exorzisten, die Journalisten und die Polizei des Landes, wochenlang gab es schlaflose Nächte bei ständiger Notbeleuchtung, Panik bei jedem geringsten Geräusch, aber auch gegenseitige Beschuldigungen von Nachbarn und Bewohnern aneinandergrenzender Viertel, die fast in einen Bürgerkrieg ausgeartet wären. Dann aber entdeckte ein findiger Magier die geeignete Waffe gegen den *touni minui*: den *baton pion d'Inde* (wörtlich: Stock des indischen

Wächters), die Rute eines Staudengewächses, das immer schon gerne zum Schutz vor Dämonen in den Vorgärten angepflanzt wurde. Bald stiegen die Preise für den *pion d'Inde* in schwindelerregende Höhen, nichtsdestoweniger fand er reißenden Absatz auf den mauritischen Märkten. Als der *touni minui* auf dem Höhepunkt der allgemeinen Hysterie spurlos verschwand, ließ er Legionen erleichterter Hausfrauen, aber auch eine Vielzahl enttäuschter Geschäftemacher zurück, die ihre Gärten kurzerhand in *Pion-d'Inde*-Plantagen verwandelt hatten.

Die folgende Liste pittoresker Volksbräuche hat unser Mann in Rose Hill aufgestellt, sie mag dem touristischen Zauberlehrling als kleiner Leitfaden dienen:

»Wenn du übersiedelst, streue Reis oder Geld in alle Winkel des neuen Hauses, und das Glück wird dir hold sein.«

»Gebrauchte Besen dürfen niemals in ein neues Heim mitgenommen oder auch nur verliehen werden. Großes Unheil wäre die Folge.«

»Keinesfalls darfst du Geld auf ein frisch bezogenes Bett legen, sonst droht dir der finanzielle Ruin.«

»Pfeife niemals, wenn ein Zyklon über dem Meer wütet: Du rufst ihn sonst herbei.«

»Kleine Schlangen oder Blindschleichen, die sich ins Haus verirrt haben, dürfen ausschließlich von Frauen gejagt oder getötet werden.«

»Von jeder frischen Flasche Rum sollst du einen

Schluck für die Ahnen verschütten, um ihre Geister nicht neidisch zu machen.«

»Willst du lästigen Besuch loswerden, dann drehe ein Paar Pantoffel mit der Sohle nach oben. Innerhalb kürzester Zeit werden sich die Gäste verabschieden.«

Was den letzten der magischen Tricks anbelangt, so sind Julia und ich bis heute dankbar dafür, dass Jens und Marie-Lourdes ihre Schlapfen während unseres Aufenthaltes nicht gewendet haben – umso mehr, als mir Jens eines Abends hinter vorgehaltener Hand verrät: »Ich hab es selbst ausprobiert … Es funktioniert wirklich!«

Warum Kreolen niemals Pepsi trinken

Das Image, das Mauritius anhaftet (und das es sich durchaus erfolgreich selbst zugeordnet hat), beruht zu einem Teil auf seiner landschaftlichen Schönheit und Vielfalt, zum anderen auf seinem Reichtum an Völkern, Sprachen, Religionen und Kulturen. Auf einem Planeten, dessen Stämme und Völkerschaften nach wie vor in Feindschaft und Krieg miteinander leben (während sich ihre Geschäftsleute zum Weltwirtschaftsadel verbünden), muss ein solch breites Spektrum an Genen und Göttern – zumal auf engstem Raum versammelt – in höchstem Maß gefährlich erscheinen. Umso verblüffender mutet die in der Reiseliteratur so manisch und mantrisch skandierte Behauptung an, dass man die Worte *Harmonie* und *Frieden* gleichsam als Synonyme für Mauritius verwenden könne. Über eine Million Menschen verschiedenster Ethnien und Konfessionen, so heißt es sinngemäß, leben hier in völliger Eintracht zusammen, um gemeinsam am steten Aufschwung ihres Landes zu arbeiten. »Die Schweiz des Indischen Ozeans« wird Mauritius nicht selten genannt, um den Fleiß, den Wohlstand und den Zusammenhalt seiner Bürger zu beschwören.

Wie, fragen wir also, kommt es, dass das sprichwörtliche Pulverfass nicht explodiert? Gibt es sie wirklich, die kleine, friedliche Welt, die der großen, grausamen vorzuleben vermag, wie Menschen miteinander umgehen sollten? Haben die Mauritier das chemische Substrat gefunden, mit dem sich Dynamit in Nektar und Ambrosia verwandeln lässt?

Unser Mann in Rose Hill zieht die Augenbrauen hoch. Wiegt zweifelnd den Kopf hin und her. »Ich weiß es nicht«, meint er nach einer Weile. »Kein Mauritier weiß das so genau. Im Grunde hat niemand den Überblick, weil hier jeder seine eigene Wahrheit hat. Und weil die Wahrheit des einen die Lüge des anderen ist …«

Wer auch nur relativ kurze Zeit in Mauritius verbringt und sich jenseits der Hotel- und Tourismuskulissen umsieht, wird bald erkennen, dass das Schlüsselwort in diesem Zusammenhang *communalism* heißt. Unter diesem Begriff, der aus Indien stammt und schwerlich ins Deutsche zu übersetzen ist, versteht man ein Denken in ethno-religiösen Kategorien, das schlimmstenfalls die grobe Diskriminierung anderer Bevölkerungsgruppen mit sich bringt, in weniger schwerer Ausprägung die latente Bevorzugung der eigenen Gruppe, zumindest aber – und in diesem Schema ist fast jeder Mauritier gefangen – die unbewusste Kategorisierung der kleinen mauritischen und zum Teil auch der großen weiten Welt nach ethno-religiös-linguistischen Gesichtspunkten.

Dieses komplexe Denksystem weist jeder Religion nicht nur eine oder mehrere Sprachen und

Ethnien zu, es wird grundsätzlich auf alle Lebensbereiche angewandt: auf die Musik, auf die Haartracht, auf den Wohnort, sogar auf Produkte des täglichen Gebrauchs. Der durchschnittliche Mauritier fühlt sich verunsichert, wenn er auf jemanden trifft, der dieser allgemein gebräuchlichen Einordnung widerspricht: Die ethnisch-religiöse Zugehörigkeit ist das hervorstechendste Merkmal jedes mauritischen Bürgers, und so bekommt man auf die oft gestellte Frage, wie denn der Tischler, der Briefträger, der neue Chef oder Nachbar sei, mit Sicherheit die entsprechende Antwort: »Catholique«, »indien«, »musulman«, »tamoul«, »chinois«, oder »blanc« sei er, so hört man dann, oder es werden die leicht pejorativen Bezeichnungen »nation«, »malbar«, »lascar«, »sinoa makao« und »blancbec« verwendet.

Die Grundgesetze dieser kommunalen mauritischen Geistesverfassung entspringen wohl dem menschlichen Drang, das Chaos zu ordnen, doch wie jeder Versuch, eine unüberschaubare Vielfalt durch Einfalt zu gliedern, stecken sie voller Widersprüche:

»Der Katholik« ist immer Afrikaner oder weißafrikanischer Mischling. Als Fleisch gewordener Vorposten der europäischen Zivilisation fühlt er sich in erster Linie der französischen Sprache verbunden, obwohl er zuweilen auch damit kokettiert, Italienisch, Deutsch oder Spanisch zu lernen. Seine Musik ist französisch und englisch, im äußersten Fall lateinamerikanisch.

»Der Inder« hat grundsätzlich Hindu zu sein. Neben Hindi spricht er Englisch und Französisch, wobei seine Englischkenntnisse die weitaus besseren sind. Der Inder hört indische Musik und sieht vorwiegend indische Filme im Fernsehen (hier wäre anzumerken, dass sich die Inder in eine Vielzahl ethnischer Gruppierungen aufspalten, die kaum mehr miteinander zu tun haben als mit Mitgliedern anderer, nichtindischer Gemeinschaften. Dazu kommt noch das Kastenwesen innerhalb der eigenen ethnischen Gruppe).

»Der Moslem« trägt Reste arabischen Blutes in sich. Er fühlt sich der arabischen Kultur und Sprache überaus verbunden, obwohl er die indische Sprache Urdu spricht und indische Musik hört.

»Der Chinese« sieht aus wie ein Chinese, nimmt ausschließlich chinesisches Essen zu sich und spricht in erster Linie Chinesisch. Sein Französisch und sein Englisch lassen ziemlich zu wünschen übrig. Chinesen müssen ebenfalls Musik und Filme aus Europa mögen, falls sie nicht mit dem spärlichen chinesischen Kulturangebot im Rundfunk vorlieb nehmen wollen.

»Der Weiße« schließlich ist französischer Abstammung und ist aus einer der großen franko-mauritischen Familien hervorgegangen (europäische Ausländer werden nicht ohne Weiteres als Weiße bezeichnet!). Selbstverständlich spricht der Weiße mit Vorliebe Französisch. Er hat ausschließlich französische oder englische Filme zu sehen und ebensolche Musik zu hören.

Dieser grobe Einblick in das gesellschaftliche Katalogsystem der Mauritier ließe sich beliebig verfeinern. So werden bisweilen auch Industrieprodukte wie Autos und Softdrinks zur Kategorisierung ihrer Benutzer herangezogen, entsprechend der ethnischen Zugehörigkeit des betreffenden Generalimporteurs: Einen Frankomauritier glaubt man beispielsweise daran zu erkennen, dass er Renault oder Peugeot fährt, einen Chinesen erwartet man hinter dem Steuer eines Nissan, und wenn ein Toyota um die Ecke biegt, dann ist der Fahrer mit Sicherheit Moslem. Besonders dann, wenn er nebenbei Pepsi trinkt. Denn Coca Cola ist – das weiß hier jeder – das Leibgetränk der christlichen Kreolen.

Auf den ersten Blick mag diese Kategorisierung gar nicht so unlogisch wirken. Doch bei näherer Betrachtung merkt der gleichermaßen interessierte wie unbeteiligte Beobachter, dass hier ethnische, kulturelle und religiöse Begriffe wild durcheinandergeworfen und miteinander verquickt werden. Je mehr er über die wahren Gegebenheiten weiß, desto kryptischer wird ihm das schillernde Bild erscheinen, das die Mauritier von ihrer eigenen Gesellschaft malen.

Zunächst besteht der christliche Teil der Bevölkerung nicht nur aus weiß-afrikanischen Mischlingen; zu den Katholiken zählen sich auch die weißen Frankomauritier, außerdem eine Vielzahl von Chinesen und von indischen Tamilen. Trotzdem würde es keinem Mauritier einfallen, einen Chinesen oder Weißen als »Katholik« zu bezeichnen. Symptomatisch ist folgender Satz, der nur ortsfremden Besuchern seltsam erscheint: »Die Dame hat gar nicht wie eine Katholikin ausgesehen, nein, sie war ganz hellhäutig und vornehm gekleidet …«

Die Kreolen selbst sind – entgegen der gängigen Version, sie seien ausschließlich afrikanisch-europäische Mischlinge – zu einem beträchtlichen Teil ebenfalls indischer Abstammung. So verwirrend es klingen mag: Wenn ein Inder zum Katholizismus übertritt, wechselt er in Mauritius nicht nur den Glauben, sondern auch gleich die ethnische Zugehörigkeit. Er wird über Nacht zum Kreolen, sprich: zum deklarierten Nachkommen europäischer Siedler und afrikanischer Sklaven (wobei er weit mehr an der Wahlverwandtschaft mit den Europäern interessiert ist).

Was die Inder anbelangt, so hängen beileibe nicht alle dem hinduistischen Glauben an. Außer den erwähnten vereinzelten Christen sind so gut wie alle Moslems reine Inder, die neben Kreol diverse indische Dialekte sprechen und trotz verbreiteter gegenteiliger Meinung absolut nichts Arabisches an sich haben. Trotzdem schütteln die Mauritier fassungslos den Kopf, wenn indische Moslems aus dem Ausland sich ethnisch vollkommen richtig als »Inder« bezeichnen. Für sie sind Moslems schlicht eine eigene Rasse.

Wie sehr diese ethnischen, kulturellen und religiösen Begriffe miteinander vermischt werden, zeigt ein Beispiel aus jüngerer Vergangenheit: Als auf politischer Ebene beschlossen wurde, die orientalischen Sprachen, die bisher neben Englisch und Französisch nur Wahlfächer waren, in die Gesamtwertung des Grundschulendzeugnisses aufzunehmen, bezog die katholische Kirche sofort Position gegen das neue Gesetz, da es nach ihrer Ansicht katholische Kinder benachteilige. Und das, obwohl es eine Vielzahl chinesischer und auch tamilischstämmiger Katholiken gibt (deren Kinder – nebenbei – nicht alle mit diesen Sprachen aufwachsen, wodurch sie etwa einen Startvorteil gegenüber den anderen hätten). Der durchschnittliche Mauritier findet es aber schlicht unzumutbar, sein Kind eine Sprache lernen zu lassen, die einer anderen Volksgruppe »gehört«. Ausgenommen sind natürlich Englisch und Französisch. Diese Scheu davor oder sogar Abneigung dagegen, irgendetwas mit der Kultur seines Nachbarn zu tun zu haben, ist leider für viele Mauritier bezeichnend und wird von fast allen Seiten erwartet.

»Heute war der Elektriker hier«, erzählt uns Jens eines Abends. »Er hatte in der Küche zu tun, und ich habe mir inzwischen im Fernsehen einen indischen Film angesehen, natürlich mit englischen Untertiteln. Plötzlich steht der Mann in meinem Wohnzimmer, beginnt auf mich einzureden und versucht mir wortreich klar zu machen, dass ich doch auf den anderen Kanal schalten soll, wo sie die französischen Filme spielen. Dass ich mir das da nicht anzusehen brauche und dass mir das andere Programm ganz sicher viel besser gefallen würde.

Ich habe eine Zeit lang versucht, ihm klar zu machen, dass ich gar kein Französisch verstehe, aber er ließ das einfach nicht gelten. Irgendwann ist er wieder an seine Arbeit gegangen, blass und völlig verstört …«

Jens legt eine Kunstpause ein, bevor er mit ungerührter Miene zur Pointe seiner Geschichte kommt: »Übrigens: Der Elektriker ist Inder …«

Ähnliches gilt für Musik, Tanz und religiöse Feste: Anders als die Nachbarinsel Réunion ist Mauritius weit davon entfernt, ein Land zu sein, in dem sich Bürger der verschiedensten Volksgruppen ungezwungen an den kulturellen Aktivitäten anderer Ethnien beteiligen. Aufmerksame Touristen wissen hier sehr oft besser über die religiösen Bräuche einer bestimmten lokalen Gemeinschaft Bescheid als die meisten Mauritier, die seit Jahren Tür an Tür mit deren Mitgliedern leben. Das ist aber meistens nicht auf Ressentiments gegenüber den Traditionen des Nachbarn zurückzuführen, sondern eher auf eine Mischung aus Desinteresse und dem Gefühl, dass es unstatthaft sei, sich mit seiner Religion und Kultur zu beschäftigen: Schließlich könnte einem der andere diesbezügliche Fragen übel nehmen, sie als Eingriff in seine Privatsphäre auffassen. Selbstverständlich gibt es auch Ausnahmen (auf dem Land kann man ohne Weiteres chinesische Greißler finden, die mit ihrem indischen Kunden in fließendem Bhojpuri über moslemische Hochzeitsmodalitäten diskutieren). Aber generell kann man sagen, dass alte, *communalistisch* geprägte Denkweisen die meisten Mauritier daran hindern, die einmalige Chance zu nützen, die sich ihnen hier bietet: sich nämlich durch entsprechende Sprach- und Kulturkenntnisse einen Vorsprung in einer Welt zu sichern, die zunehmend von neuen Wirtschaftsgiganten wie Indien und China beeinflusst wird.

Wenn die einzelnen Volksgruppen auch friedlich miteinander (oder zumindest nebeneinander) leben, so erschwert doch der *communalism* jede politische Entscheidung. Öffentliche Äußerungen werden von den Vertretern aller Ethnien grundsätzlich zerpflückt und entsprechend parteiisch interpretiert, sodass jegliches Statement über Religion, Sprache oder Ethnie einen Sturm der Polemik nach sich zu ziehen droht. Das Gleichgewicht hat eben immer gewahrt zu bleiben: Wenn heute ein afrikanisches Kulturinstitut errichtet wird, muss morgen eine indische Bibliothek gebaut werden, wenn das Fernsehen über die Einweihung einer neuen Moschee berichtet, muss gleich im Anschluss die Eröffnung einer chinesischen Pagode gezeigt werden …

Im Jahr 1998 wurden beispielsweise die alten Geldscheine durch neue ersetzt. Jede Banknote zeigte nun das Bild eines mauritischen Politikers, wobei peinlich genau darauf geachtet wurde, dass Politiker aller Volksgruppen vertreten waren und dass der entsprechende prozentuelle Bevölkerungsanteil in etwa dem Wert der Banknote entsprach. Als die neuen Scheine gerade einen Monat alt waren, bemerkte man, dass die tamilische Beschriftung, die auf den alten Banknoten über der Aufschrift in Hindi gestanden hatte, auf den neuen darunter gedruckt war. Kaum jemandem war dies aufgefallen (es spricht so gut wie niemand mehr Tamil), nun aber kam es zu massiven Protesten der tamilischen Organisationen: Die gesamte Auflage musste eingezogen und vernichtet werden; neue, entsprechend korrigierte Scheine wurden gedruckt. Die Mehrkosten waren horrend, aber der nationale Friede blieb gewahrt.

So sind die einzelnen Volksgruppen daran gewöhnt, miteinander zu rechten, einander zu fordern und zu kritisieren. Aber auch der einzelne Mauritier liebt es, die jeweils anderen Gruppen zu bemäkeln und ihnen generell die Schuld an allem zuzuschieben, was ihm nicht passt. Die Liste der Vorurteile ist lang. So gelten die Kreolen bei den anderen Volksgruppen als faule, oberflächliche und vergnügungssüchtige Leute, die nur arbeiten, um das solcherart verdiente Geld gleich wieder zu verprassen, die Tamilen (in Mauritius gelten die Tamilen nicht einfach als Inder, sondern stellen eine eigene, ziemlich bedeutsame Gruppe dar, die sich in vielem von den Indern abgrenzt) als proletarische Säufer, die Inder als *communalistische*, korrupte Protektionisten, die sich die politischen Pfründe aufteilen, die Chinesen als geizige Krämerseelen, die reich geworden sind, indem sie »kleine Steinchen in den Reis gemischt haben, um das Gewicht zu fälschen«, die Moslems als gewalttätige Fanatiker und unehrenhafte Geschäftemacher und die Weißen als arrogante Rassisten, die im Grunde noch immer das Land beherrschen. Diese Vorurteile treten immer dann zutage, wenn die innere Frustration zu stark wird (was sehr oft der Fall ist), werden aber relativ selten auf den direkten Nachbarn oder auf den Arbeitskollegen angewandt (außer er ist eben Grund dieser Frustration).

Als symptomatisch für den unreflektierten Gebrauch von Verallgemeinerungen mag die folgende Begebenheit gelten, wie sie unser Mann in Rose Hill einmal erlebt hat:

»Ich arbeitete damals (gemeinsam mit Leuten verschiedenster Herkunft) in einer Firma, deren Besitzer Chinesen waren. Eines Tages beschloss die Direktion, unsere Mittagspause zu verkürzen, was uns verständlicherweise in Aufruhr versetzte. Meine Kollegen und ich saßen also im gemeinsamen Büro zusammen und ließen unserem Unmut freien Lauf. Wir ärgerten uns auf die althergebrachte mauritische Art: Zunächst schimpften wir auf das Wirtschaftssystem, dann auf das Management unseres Betriebes und schließlich ganz generell auf die Chinesen. Wir ließen kein gutes Haar an ihnen, prangerten ihren Geiz und ihre Geldgier an, bis sich irgendwann ein Kollege zu Wort meldete, der bis dahin auffallend still gewesen war. Er unterbrach uns, indem er die Hand hob, blickte dann vorwurfsvoll in die Runde und meinte ganz ruhig, es sei nicht recht von uns, so zu verallgemeinern. Immerhin gebe es überall solche und solche … Erst da wurde uns klar, dass er Chinese war. Kein

Mischling, nein, ein Vollblutchinese. Wir brachen alle in Gelächter aus, und er lachte mit: Er war für uns in erster Linie ein Freund und Kollege, sodass wir völlig auf seine Abstammung vergessen hatten.«

Eine ganz spezielle Form des Rassismus, die typisch für Mauritius und als soziales Phänomen möglicherweise einzigartig ist, ließe sich wohl am besten als »ethnoimmanenter Hautfarbenrassismus« bezeichnen. Es handelt sich nicht um Ressentiments gegen Mitglieder einer anderen Herkunft oder Kultur, sondern um solche innerhalb der eigenen ethnischen Gruppe. Der Hautfarbe kommt hier eine ungemein große soziale Bedeutung zu, und jeder Mauritier kennt eine Helligkeitsskala mit den verschiedensten Feinabstufungen.

Eifersüchtig wird jeder andere dahingehend taxiert, ob er wohl eher dunkler oder heller als man selbst ist; in der Familie erfreuen sich die helleren Kinder des Wohlgefallens aller Onkel und Tanten, während die armen, zu dunkel geratenen heftig bedauert werden. Die erste Frage nach der neuen Frau eines Bekannten oder Verwandten kann kein Mauritier missverstehen. »Wie ist sie?«, lautet sie, und die Antwort darauf muss lauten: »So ungefähr unsere Farbe« oder »Hübsch hell, circa so wie Cousine Chantal« oder »Na ja, sie ist ziemlich dunkel, aber sehr lieb und sympathisch« … Wohlgemerkt, hier ist nicht von einer Frau aus einer anderen ethnischen Gruppe die Rede, sondern von einer der eigenen Gruppe angehörigen. In Mauritius ist diese Frage eng mit dem eigenen Sozialstatus verbunden. Es kommt nicht selten vor, dass eine Tamilin oder Inderin einen Heiratsantrag ablehnt, nur weil ihr der Freier nicht hell genug ist und sie sich nicht blamieren will. Für den Uneingeweihten ist eine solche Entscheidung vollkommen unverständlich, besonders, wenn er das verhinderte Brautpaar gemeinsam sieht: Ein Unterschied zwischen den beiden ist für ihn in der Regel gar nicht feststellbar.

Skurril mutet auch die peinlich genaue Klassifizierung der offensichtlich weißhäutigen Bevölkerung an, wonach »Weiße« nur reinrassige Sprösslinge der großen alten Familien sind, während solche, in deren Adern auch nur minimale Teile nicht vollkommen »weißen« Blutes fließen, als *gens de couleur* bezeichnet werden, oder (wenn die dunklere Beimischung noch stärker ist) als *mulatre*. Für den unbefangenen Betrachter mögen alle drei so aussehen wie ein durchschnittlicher Schleswig-Holsteiner, aber jedem Einheimischen ist auf Anhieb klar, welcher davon ein »echter« und welcher ein »falscher« Weißer ist. Dass in diesem Land Sonnencremes und Sonnenschirme von vitaler Bedeutung sind, leuchtet ein: Fünf Minuten in der prallen Sonne, und schon ist man auf der sozialen Leiter eine Sprosse nach unten gerutscht …

Trotz allem treten die Vorurteile, die zwischen den einzelnen Gruppen herrschen, kaum jemals in Form von grobem oder gar tätlichem Rassismus zutage. Auch wenn das Bild von der idyllischen multikulturellen Gesellschaft eine Übertreibung ist, so stehen doch gegenseitiger Respekt und Toleranz im Vordergrund. Abgesehen davon ist die Gesellschaft heute in starker Wandlung begriffen: Der Sprachenstreit wird zunehmend akademischer, zumal die Jugend immer weniger Interesse an den Ursprungssprachen ihrer Familien zeigt, junge Moslems, Kreolen und Inder tanzen Seite an Seite in den Diskos, fahren auf Hip-Hop ab und haben »Kentucky-fried-chicken« zum Fressen gern. Auch Mischehen zwischen Angehörigen verschiedener Volksgruppen – noch in der letzten Generation undenkbar – gehören inzwischen wenn schon nicht zur Tages-, so doch immerhin zur Wochenordnung. Es scheint, dass die sogenannte »westlich-globale« Kultur in nicht allzu langer Zeit auch die mauritischen Kulturunterschiede verwischt haben wird.

Machen wir's französisch ...

Welcher Reisende kennt nicht dieses säuerlich-schale Gefühl, ein Störenfried zu sein, ein liederlicher Spanner und Schmarotzer, der seiner verwerflichen Schaulust auf Kosten der braven, oft armen Bevölkerung frönt? Man wird dann den Eindruck nicht los, von den Einheimischen wie ein exzentrischer Irrer betrachtet zu werden, wie ein Geisteskranker, dem eine mehr als ungerechte Fügung des Schicksals zu unermesslichem Reichtum verholfen hat und der sein Geld nun eben für Verrücktheiten verprasst. Zum Beispiel dafür, Tausende Kilometer von seiner Heimat entfernt kleinen bunten Fischen nachzujagen, ohne sie zu fangen, große bunte Tempel zu besuchen, ohne darin zu beten, und durch den farbenprächtigen Markt zu schlendern, ohne etwas zu kaufen.

Der gesamte Organismus des sensiblen Urlaubers wird in diesen Momenten der gleichsam rückbezüglichen Xenophobie auf eine harte Probe gestellt. Fieberhaft beginnt der Kopf in den entlegensten Tiefen seiner dialektisch geschulten Windungen nach fadenscheinigen Ausreden zu stöbern (zum Beispiel nach jener, dass man schließlich als zahlender Gast der Wirtschaft des Landes nütze), während sich die Peristaltik trotzdem gnadenlos verkrampft: Gegen die angeborene Sucht nach Integration, gegen den unbefriedigten Herdentrieb hilft keine noch so moralische Selbstbeschwichtigung. Und so verfällt der Tourist wie von selbst in eine Reihe von Verhaltensmustern, die – trotz der Vielfalt ihrer Facetten – einzig und allein den Zweck verfolgen, nicht wie ein Tourist zu erscheinen. Vielleicht blickt er gelegentlich auf seine Armbanduhr und beschleunigt den Schritt, um einen wichtigen Termin zu suggerieren (»Ich habe beruflich hier zu tun …«). Oder er huscht tief gebeugt durch die Gassen und enthält sich jeglichen Augenkontakts mit den Einheimischen (»Ich bin gar nicht da …«). In den meisten Fällen aber wird er versuchen, ihr Verhalten zu imitieren (»Ich bin einer von euch …«). Wenn sie auf der Straße Bananen zu essen pflegen, wird er sich auch eine kaufen, wenn sie ausschließlich bunte Hemden tragen, wird er sich auch eines anziehen, und wenn ein breites, fröhliches Lächeln zur Nationaltracht gehört, wird er sich auch eines aufsetzen. Ein paar Stunden Feldforschung genügen im Normalfall, um sich mit den grundlegenden lokalen Sitten und Gebräuchen vertraut zu machen, und so ist man schon bald in der Lage, mit eingeborener Lässigkeit einen Laden zu betreten, einen Bus zu besteigen, eine Fliege zu verjagen.

Nicht so in Mauritius.

Unsere ersten Tage gleichen einem Spießrutenlauf. Wir werden unverblümt angestarrt, gemustert, taxiert. Keines unserer Täusch- und Tarnmanöver, keiner der Versuche, uns mit den klassischen Mitteln der Camouflage und der Mimikry unsichtbar zu machen, scheint zu fruchten. Vor allem an Julia, deren Teint (im Gegensatz zu meinem) von aristokratischer Blässe ist, beißen sich die Blicke der Insulaner unbarmherzig fest. So weicht die Enttäuschung über unser Unvermögen schon bald einem handfesten Verfolgungswahn, und wir treten kleinlaut den Rückzug an. Sie hassen uns, so lautet das verstörte Resümee. Sie hassen uns, weil wir das Kainsmal auf der Stirn tragen, den Hautton ihrer einstigen Tyrannen nämlich: Wir sind und bleiben weiß, und das ist ein mehr als verständlicher Grund für ihre unverhohlene Feindseligkeit …

»Wie sollen wir das ohne Schminke durchstehen?«, frage ich Jens, nachdem wir uns in die Sicherheit seines Hauses geflüchtet haben. »Wie hältst du das nur aus? Sie müssen dich doch auch verabscheuen …«

Unser Mann in Rose Hill verzieht den Mund zu einem milden Lächeln. Es ist Marie-Lourdes, seine Frau, die an seiner statt das Wort ergreift. Marie-Lourdes, die zwar indischer Abstammung ist, sich aber selbst als Kreolin bezeichnet, reißt erschrocken die Augen auf, als wir von unseren ersten Erfahrungen berichten. Nein, beteuert sie kopfschüttelnd, ihr irrt euch, es ist alles ganz anders, das müsst ihr mir glauben. Im Gegenteil: Die Leute hier bewundern euch. Sie wären am liebsten alle so wie ihr …

Im Grunde ist alles ganz einfach. Man begegnet in Mauritius auf Schritt und Tritt einem Phänomen, das in der angewandten Kriminalpsychologie als

»Solidarisation mit dem Aggressor« bezeichnet wird. Die gewaltsam verschleppten Sklaven und die ihrer Freiheit beraubten Kulis, aus denen der überwiegende Teil der heutigen Gesellschaft hervorgegangen ist, waren notgedrungen darauf angewiesen, den Wertmaßstäben ihrer Unterdrücker zu folgen, wurden doch all ihre eigenen kulturellen Wurzeln systematisch gekappt. Vor allem die Afrikaner hatten ihre Traditionen bald für immer verloren. Welche Sitten und Bräuche auch immer diese Entrechteten einst nach Mauritius mitgebracht haben mögen, sie wurden von der frankomauritischen Oberschicht und von den britischen Kolonialoffizieren für barbarisch und wertlos erachtet, ihre Ausübung rigoros unterbunden. Ihr Stolz war gebrochen, ihre Ahnen vergessen, und damit setzte ein unerträglicher Identitätsverlust ein, dem es irgendwie entgegenzuwirken galt. Man begann also, die weißen Herren zu imitieren, nicht zuletzt in der Hoffnung, damit den eigenen sozialen Status zu heben. Die heutige, teils unbewusste, teils offenherzig beteuerte Affinität zu allem Europäischen rührt aus diesen Zeiten. Und »europäisch« bedeutet für gewöhnlich nichts anderes als »französisch«.

Es ist hauptsächlich der französische Lebensstil (oder zumindest die simplifizierte und oft genug verfälschte Vorstellung davon), an dem sich die Ideale und Werte der heutigen mauritischen Gesellschaft orientieren. Obwohl auch die indische Kultur eine Rolle spielt, bleibt sie in der Regel auf religiöse Zeremonien und Feste der indischen

Gemeinschaft beschränkt. Es ist ein bisschen so wie im Theater: Die Statisten sind zwar zahlenmäßig überlegen, aber der Hauptdarsteller gibt den Ton an. Den Franzosen ist es gelungen, die Fantasien und Wunschträume der Inselbewohner in hohem Maß zu formen. Als vielleicht einziges Land, in dem die französische Sprache noch immer an Gewicht gewinnt, während der Rest der Welt im (Wüsten-)Sturm vom Angloamerikanischen erobert wird, ist und bleibt Mauritius Frankreichs verhätscheltes Schoßkind. Französische Firmen investieren immense Summen in verschiedenste Bereiche der Telekommunikation, um der umfassenden Frankomanie auch noch weiter Vorschub zu leisten. Dem französischen Savoir-vivre dermaßen ausgesetzt, erachtet es selbstverständlich die ganze Gesellschaft für elegant, erstrebenswert und überlegen.

Dabei ist es kaum von Belang, wie gut der Versuch der Imitation gelingt, wie nahe die Kopie an das Original heranreicht. Missverstandene »französische« Tischsitten führen zu teils grotesken mauritischen Essgewohnheiten, mangelhaft wiedergegebene Zitate aus der französischen Literatur verkehren deren eigentlichen Sinn um hundertachtzig Grad, und der soziale Druck, sich der französischen Sprache als mächtig zu erweisen, lässt ebendiese Macht oft genug zur sprachlichen Ohnmacht verkommen.

Trotz all seiner Anziehungskraft bleibt das Französische nämlich so manchem Mauritier ein spanisches Dorf. Nicht anders übrigens als das Englische zählt es für die meisten Einheimischen zu den Fremdsprachen. So würde es keinem Mauritier je einfallen, den englischen Namen des Ortes Rose Hill auch englisch auszusprechen oder in der englischen Diktion zu verstehen. Im Bus, auf der Straße, beim Postamt, egal wo: Rose Hill wird französisch »Rosille« genannt und nur »Rosille« (was zweifellos nicht ganz uncharmant klingt).

Eigentlich zählt hier so gut wie jede Sprache zu den Fremdsprachen, was in Anbetracht der Menge der zur Verfügung stehenden Idiome kein Wunder ist. Den Regionen ihrer Herkunft entsprechend, sind vor allem die Inder und Chinesen mit einem guten Dutzend davon gesegnet (wie etwa Hindustani, Bhojpuri, Marathi, Gudjarati, Telegu, Tamil und Urdu auf der indischen, Kantonesisch, Hakka oder Mandarin auf der chinesischen Seite). Über der linguistischen Wirrnis schwebt endlich gleich einem Deus ex Machina das Kreolische, die Sprache der einstigen Sklaven, die das gesamte Puzzle zusammenhält.

Um nun die Konfusion auf die Spitze zu treiben, folgt jeder halbwegs polyglotte Mauritier einem nur schwer zu durchschauenden Regelwerk, wenn sich die Frage auftut, welche der von ihm beherrschten Sprachen er in welcher Situation zur Anwendung bringen soll. Aber sehen wir doch einmal einer typischen kreolischen Mittelstandsbürgerin bei ihrem täglichen sprachlichen Eiertanz über die Schulter.

Wir wollen sie Vanessa nennen. Vanessa ist, sagen wir, eine junge Sekretärin, die mit ihrem kreolischen Mann und ihren beiden kleinen Kindern in Pamplemousses wohnt und für eine indische Anwaltskanzlei in Port Louis arbeitet. Ihre Eltern (der Vater ist ebenfalls Kreole, die Mutter Inderin) leben gemeinsam mit dem Großvater im Nachbarhaus. Jeden Morgen, bevor sie sich auf den Weg in die Arbeit macht, bringt ihnen Vanessa die Kinder zum Babysitten. Zuerst verabschiedet sie sich von ihrem Mann auf Kreolisch, dann treibt sie die Kleinen in einem vereinfachten Französisch zur Eile an. »Damit sie lernen, wie man schön spricht«, pflegt Vanessa zu sagen.

Nachdem sie die Kinder abgeliefert hat, begegnet sie auf der Straße dem Großvater. Er ist gerade in ein Gespräch mit zwei älteren Bekannten vertieft, einem Tamilen und einem Chinesen, die gleich um die Ecke wohnen. Die drei Herren winken ihr zu und begrüßen sie freundlich auf Bhojpuri, was Vanessa ganz offensichtlich einen leisen Hauch von Röte ins Gesicht treibt. Sie erwidert leise murmelnd den Gruß und steigt rasch in ihr Auto.

Als sie in Port Louis angekommen ist, sieht Vanessa Madame Guillemain aus ihrem Wagen steigen, eine kreolische Klientin, mit der sie mittlerweile auch ein freundschaftliches Verhältnis verbindet. Als sie Madame Guillemain vor einigen Wochen kennenlernte, sprach sie Französisch mit ihr, aber mit zunehmender Vertrautheit begannen beide, kleine kreolische Brocken in ihre Gespräche einfließen zu lassen, und seit Kurzem reden sie nur noch Kreolisch miteinander. Heute aber merkt Vanessa, dass irgendetwas nicht in Ordnung ist. Noch während sie die Straßenseite wechselt, wird sie von Madame Guillemain mit indignierten Blicken bedacht, und gleich darauf muss sie sich bittere Vorwürfe anhören: warum sie ihrem Chef den gelben Umschlag nicht weitergegeben habe, sie wisse schon, welchen, und das, obwohl die Sache doch so eilig sei; ein wichtiges Schriftstück sei in dem Kuvert gewesen, ein seitenlanger Antrag, Stunden mühevoller Arbeit steckten darin, und überhaupt … Vanessa kann sich aber leider nicht erinnern, je ein gelbes Kuvert von Madame Guillemain erhalten zu haben. So kommt es schon bald zu einem erbitterten Wortgefecht, in dessen Verlauf die beiden Streithennen schlagartig auf ihr altes Französisch zurückschwenken.

Die unerfreuliche Diskussion wird schließlich ins Büro des Anwalts verlagert, was für Vanessa nicht wirklich befriedigend enden kann: Mit einer betretenen, auf Französisch vorgebrachten Entschuldigung (ihren indischen Chef redet sie grundsätzlich französisch an) verlässt sie nach wenigen Minuten das Büro und macht sich sofort daran, den nicht begangenen Fehler wieder auszumerzen. Sie schreibt Madame Guillemains Antrag noch einmal, und sie tut es in makellosem Englisch.

In der Mittagspause erzählt Vanessa ihren Kolleginnen auf Kreolisch, was ihr widerfahren ist. Nur mit Nathalie, die erst seit voriger Woche in der Kanzlei arbeitet, spricht sie Französisch. Anfangs hielt sie es für angebracht: erstens, weil Nathalies Französisch wirklich ausgezeichnet ist, zweitens, weil sie die junge Kreolin noch nicht so gut kannte. Inzwischen beharrt Vanessa jedoch auf der französischen Sprache, weil Nathalie nämlich ihrerseits damit begonnen hat, sie auf Kreolisch anzureden. Vanessa deutet das als Beleidigung: Sie argwöhnt, dass sich die Neue dazu bemüßigt fühlt, sich auf ihr Niveau herabzulassen, und derlei Gnadenakte hat sie nun wirklich nicht nötig.

Der Nachmittag wird nicht weniger anstrengend, als es der Vormittag war. Madame Popowa erscheint in der Kanzlei, eine gebürtige Moskauerin, die ausschließlich Russisch, Kreolisch und Englisch versteht. Vanessa weiß nie so recht, wie sie mit dieser Klientin sprechen soll, und das ist heute nicht anders. Obwohl sie von Madame Popowa auf Kreolisch angesprochen wird, antwortet Vanessa auf Französisch, weil sie es der feinen Russin gegenüber für angemessen hält. Daraufhin versucht es Madame Popowa, die ja nicht Französisch kann, mit Englisch. Vanessas Reaktion ist ebenso hilflos wie unzureichend: Sie setzt ihr charmantestes Lächeln auf, um ihre Ratlosigkeit zu verbergen: So gut ihr schriftliches Englisch auch sein mag, so sehr misstraut sie ihren mündlichen Kenntnissen; es ist ihr mehr als peinlich, sich mit jemandem auf Englisch zu unterhalten, der ohnehin Kreolisch spricht. Englisch kommt gar nicht in Frage, also bittet sie Madame Popowa einmal mehr auf Französisch, im Wartezimmer Platz zu nehmen.

Und dann, zu allem Überfluss, der Tamile, der plötzlich in der Kanzlei steht. Dunkle Haut, schlampige Kleidung, Gummisandalen. Er baut sich vor ihrem Schreibtisch auf und stellt sich in fließendem Französisch als Monsieur Kevin vor, gerade so, als hätten alle nur auf ihn gewartet. Natürlich antwortet Vanessa nicht auf Französisch. Stattdessen fragt sie ihn auf Kreolisch, ob er denn überhaupt einen Termin hat. Und genau in diesem Moment stürzt ihr Chef Mister Singh herein und geleitet den Tamilen überaus höflich in sein Büro. »Monsieur Kevin ist wegen eines Kaufvertrags hier«, murmelt ihr Nathalie auf Kreolisch zu, »er will fünf Millionen Rupees in eine Villa in Floreal investieren …«

Ob es Vanessa gelungen ist, ihre leuchtende Schamesröte bis zum Feierabend wieder loszuwerden, wissen wir nicht. Wir wissen nach dieser Episode nur, dass wir fast gar nichts wissen. Fast gar nichts jedenfalls, was die seltsamen linguistischen Irrwege anbelangt, die unsere arme Vanessa auf ihrer babylonischen Odyssee durchschreiten muss. Trotzdem gibt es für jede ihrer Stationen eine gültige Erklärung (und auch für eine Reihe weiterer, an die Vanessa noch im Lauf des restlichen Tages gelangen wird).

Aber der Reihe nach.

Zunächst bleibt der Gebrauch der sogenannten »asiatischen« Sprachen, also der indischen und der chinesischen, grundsätzlich auf die betreffende Volksgruppe beschränkt. Meistens werden sie lediglich im Schoß der Familie oder im Rahmen religiöser Zeremonien verwendet. Aber keine mauritische Regel ohne Ausnahme: Der indische Dialekt Bhojpuri hat sich in manchen ländlichen Regionen zur Lingua franca entwickelt, wo er – jedenfalls von den älteren Einwohnern – beim informellen Straßenplausch noch immer gesprochen wird. Allerdings – und das sei hier bereits vorweggenommen – ist Bhojpuri mit einem noch schlechteren Ruf behaftet als Kreolisch, weshalb es die Jüngeren ungern verwenden.

Da sich also fast alle asiatischen Sprachen im Exklusivbesitz der entsprechenden Gemeinschaften befinden und daher für den interethnischen Brückenschlag nicht zur Verfügung stehen, beschränkt sich die Frage nach dem jeweils angemessenen Idiom auf Französisch, Englisch und Kreolisch.

Die britische Kolonialverwaltung setzte vergleichsweise wenig Ehrgeiz daran, der Insel ihren kulturellen Stempel aufzudrücken. Trotzdem: Ein Ruf will verteidigt, die Ordnung gewahrt sein, also erklärte man das Englische zur offiziellen Landessprache. Als solche vegetiert es – blass und ein wenig unterkühlt – bis heute in Amtsstuben, Büros und Klassenzimmern vor sich hin. Vor Gericht und im Parlament bedient man sich ebenso der englischen Sprache wie beim Verfassen von Anträgen und behördlichen Schriftstücken; auch die geschäftliche Korrespondenz der Privatwirtschaft wird noch häufig damit abgewickelt. Dass die Verwaltungssprache auch den mauritischen Schulunterricht dominiert, liegt daher nahe, nur ist es die Dominanz eines Königs ohne Gefolge: Um Unklarheiten zu beseitigen, pflegen die Lehrer den Stoff auf Französisch zu wiederholen, und abschließend – für den obligaten Schüler auf der Eselsbank – noch einmal auf Kreolisch. Der durchschnittliche Mauritier fühlt sich in der englischen Sprache alles andere als sattelfest, obwohl er sie – jedenfalls in der Schriftform – meist besser beherrscht als die französische.

Dennoch wird er dem Französischen den Vorzug geben, wenn immer es ihm darum geht, seinen sozialen Status zu untermauern. Ist er Kreole, spricht er es, um auf die homöopathischen Mengen französischen Blutes in seinen Adern hinzuweisen: Keiner will als *tcholo* gelten, was so viel heißt wie »afrikanischer Prolet«. Dabei spielt es keine Rolle, ob sich sein Gesprächspartner (so wie er selbst) viel besser auf Kreolisch zu verständigen vermag. Die selbst für erfahrene Psychologen schwer zu ergründenden feinstofflichen Signale, die ein durchschnittlicher Mitteleuropäer im täglichen Kampf um den eigenen Status und Selbstwert aussendet, schwellen hier zu augen-, oder besser: *ohren*scheinlicher Deutlichkeit an. Beim Betreten eines teuren Geschäftes oder eines Restaurants der gehobenen Klasse beginnen nicht selten ganze Familien, die sich auf dem Hinweg noch kreolisch unterhalten haben, in einem höchst barocken Französisch miteinander zu parlieren. Gleiches gilt für die Begegnung mit wenig vertrauten Personen, deren sozialen Rang man über dem eigenen wähnt: Der neue Chef? Französisch. Die feine Dame? Französisch. Ein zugewanderter Schwede, der zwar kein Wort Französisch, aber umso besser Kreolisch versteht? Französisch.

Die Sprache ist also nicht so sehr Kommunikationsmittel als vielmehr Statussymbol. Ein Statussymbol, an dem man die unteren Gesellschaftsschichten nicht ohne Weiteres teilhaben lässt (wer zerrt schon einen Bettler durch sein Prachtchâteau, um dort mit goldenen Lavoirs und Louis-quatorze-Chaiselongues vor ihm zu protzen?). Aus diesem Grund hält der gehobene Mittelstandsmauritier gegenüber dem Gärtner, Straßenkehrer oder Briefträger hartnäckig am Kreolischen fest, da kann sich dieser noch so sehr um ein Häppchen französischer Konversation bemühen. Unsicherheiten und Peinlichkeiten bleiben bei diesem Balanceakt am Rande des Fettnäpfchens natürlich nicht aus; wenn sich der vermeintliche Kanalarbeiter als Akademiker oder als Millionär oder gar als beides entpuppt, ist es in der Regel schon zu spät.

Einen Spezialfall im sprachpsychologischen Dschungel der Insel bildet der Streit: Im Fall eines Disputs zwischen halbwegs gebildeten Mauritiern wird zwar auch gerne aufs Französische zurückgegriffen, um sich in den schützenden Nimbus kultureller Souveränität zu hüllen, aber es geht gleichzeitig auch darum, Distanz zum Wortgefecht selbst zu schaffen. Berufskollegen oder Ehepartner, die sich – obwohl sie sonst kreolisch miteinander reden –

auf Französisch in die Haare geraten, setzen damit einen Akt der mündlichen Abrüstung: Die Gefahr, ins pöbelhaft Vulgäre abzurutschen, ist nämlich im Kreolischen ungleich höher als in jeder anderen der erwähnten Sprachen.

Wenn Französisch der Sonntagsanzug des Mauritiers ist, dann empfindet er das Kreolische als das Unterhemd, das er in den eigenen vier Wänden trägt. Obwohl (oder weil) es die mit Abstand gebräuchlichste und meistverbreitete Sprache ist, haftet ihm immer der Geruch des Ordinären an. Seit Jahrhunderten gilt Kreolisch als »verdorbenes« Französisch, das von den ungebildeten Sklaven entwickelt wurde, um ihre kommunikativen Grundbedürfnisse zu stillen. Das verächtliche Achselzucken, das die französischen Machthaber dieser Sprache entgegenbrachten, wurde im Lauf der Zeit vom aufstrebenden kreolischen Mittelstand übernommen: Sein eifriges Bemühen um Aufnahme in den europäischen Kulturhimmel ging Hand in Hand mit dem Widerwillen gegen die eigenen lokalen Traditionen.

So tief hat sich also der Raub ihrer Identität, der (im wahrsten Sinn des Wortes *durchgepeitschte*) Mangel an Selbstwertgefühl in die Seelen vieler Mauritier gebrannt, dass sie die eigene, von ihren Eltern und Großeltern entwickelte Inselkultur mit Vorliebe belächeln und verunglimpfen. Ihre Art der Kulturpflege ist eine beharrliche Selbstbeleidigung, die sich nicht nur auf die kreolische Sprache beschränkt: Die *Sega* beispielsweise wird ebenso diskreditiert wie der mauritische Rum, der dem eingangs erwähnten Mohnkornbrand ohne Weiteres das Wasser reichen kann. Statt zu einer der köstlichen, unglaublich preiswerten und in überreicher Vielfalt vorhandenen Rumsorten zu greifen, kredenzt man seinen Gästen lieber den übelsten Scotch, der im Normalfall das Dreifache kostet. Johnnie Walker gilt als »the ultimate Mauritian dream«; wer auf sich hält, serviert ihn als Aperitif, als Digestif, während des Essens und zwischen den Mahlzeiten. Immerhin begnügen sich die Herren Gabin, Ventura und Delon auf dem französischen Fernsehkanal auch nicht mit primitivem Zuckerrohrschnaps …

Gemessen an den Kreolen pflegen die Inder, Moslems und Chinesen ein etwas pragmatischeres Verhältnis zum mauritischen Lebensstil. Ein indischer Anwalt zögert ebenso wenig wie ein chinesischer Unternehmer, auch in der Arbeit kreolisch zu sprechen, wenn sein Gegenüber das wünscht. Für ihn sind gute Französisch- oder Englischkenntnisse weit mehr eine Frage der Professionalität als eine des Prestiges. Im Grunde ihrer Herzen sind sich die »asiatischen« Mauritier der großen und reputablen Zivilisationen bewusst, denen sie entstammen, auch wenn sie selbst vielleicht kein Wort Chinesisch, Indisch oder Urdu mehr verstehen. Sie leiden nicht unter ständigem Beweisnotstand, weil sie eine *Referenzkultur* besitzen, eine Art Gütesiegel, das sie mit kultureller Legitimität versorgt.

Interessant ist in diesem Zusammenhang auch

die Tatsache, dass die Akzeptanz der heimischen Traditionen an den beiden äußersten Enden der sozialen Leiter am höchsten ist. Während sich die Mittelklasse stets darum bemühen muss, ihr Image zu verbessern, können sich die gesellschaftlichen »Underdogs« entspannt zurücklehnen: Ihnen bleibt der soziale und finanzielle Aufstieg sowieso verwehrt. Und ein Angehöriger der Oberschicht kann es sich ohne Weiteres leisten, ein augenzwinkerndes Faible für bodenständige Sitten zu entwickeln, ohne deshalb für vulgär gehalten zu werden.

Seit Erlangung der Unabhängigkeit und besonders seit dem enormen wirtschaftlichen Aufschwung in den späten Siebzigern lassen sich aber auch bei den größten Verächtern des lokalen Kulturguts erste Ansätze eines schüchternen Selbstbewusstseins und eines gewissen, wenn auch verstohlen knospenden Nationalstolzes erkennen. Damals war die ganze Welt voll der Bewunderung für dieses »kleine Inselparadies, in dem freundliche Leute verschiedenster Hautfarben und Religionen in Harmonie zusammenleben«. Ein Klischee, das nicht zuletzt von der mauritischen Wirtschaft kreiert wurde, um Touristen und Investoren ins Land zu holen, und es klang so überzeugend, dass schließlich auch die Mauritier ein wenig daran zu glauben begannen. Die weit verbreitete Sympathie für die Insel und die wachsende Zahl der Touristen, die gierig nach »typisch mauritischer Kultur« verlangten, haben der gesamten Bevölkerung gezeigt, dass ihr Lebensstil, ihre lokalen Produkte, ihre Musik und ihre Sprache vielleicht doch nicht ganz so übel sind. Die *Sega* hat ihren Weg in die Hitparaden gefunden, kreolische Theaterstücke werden im Nationaltheater in Rose Hill aufgeführt und von einem stetig wachsenden Publikum besucht, und das Konzept des »entspannten Insellebens« (das im modernen Mauritius leider nicht mehr als eine schönes Gerücht darstellt) wird von den Einheimischen als Alternative zum nervenzermürbenden westlichen Lebensstil propagiert. Was schließlich die kulinarische Seite der Insel betrifft, so würde nicht einmal der glühendste Verfechter »europäischer Lebensart« seine geliebte mauritische Küche gegen die feine und anspruchsvolle französische eintauschen wollen. Und das mit vollem Recht.

Was uns betrifft, so ändert die neue Deutung der uns auf Schritt und Tritt durchbohrenden Blicke alles. Das Bewusstsein, nicht der geballten Feindschaft der Mauritier ausgesetzt zu sein, sondern eher deren Respekt vor unserer vermeintlichen genetischen Vorbildlichkeit, lässt uns zusehends entspannen. Abgesehen davon, dass sich auch des Kaisers neue Kleider abnützen, weil unser Teint mit jedem Tag ein Stückchen dunkler wird, begegnen wir dem generellen Interesse an unserem Aussehen schon bald mit lockerer Freundlichkeit. Und siehe da: Kaum bleibt der eigene Blick ein wenig länger an den prüfenden Augen eines entgegenkommenden Passanten hängen, beginnt sich seine Miene aufzuhellen. Er nickt einem zu, und sein stiller, nur angedeuteter Gruß wird von einem kleinen, sanftverhaltenen Lächeln begleitet.

Wie man einen Hund veröffentlicht

Vor wenigen Jahren noch war der Umgangston, der auf österreichischen Baustellen zwischen Polieren und Gastarbeitern unterschiedlicher Provenienz angeschlagen wurde, Gegenstand ungezählter Witze und abendfüllender kabarettistischer Programme. »Miroslav, du nix heut früher heimgehen! Du immer brav arbeiten, bis ganze Wand verputzt!« »Ja, ja, Chef, ich bleiben ... Chef immer depperter werden jeden Tag ...«

Im Grunde folgt das kreolische Idiom sehr ähnlichen linguistischen Gesetzen; es ist eine simplifizierte Arbeitssprache, entstanden aus der Notwendigkeit, mit Menschen verschiedener Herkunft zu kommunizieren. Als kleinster gemeinsamer Nenner diente dabei – nicht anders als in unseren Breiten – die jeweilige Sprache der Arbeitgeber. In den afrikanischen und amerikanischen Kolonien waren es allerdings Gewalt, Unterdrückung und Grausamkeit, die bei der Geburt des neuen Slangs Pate standen: Systematisch wurden die traditionellen Strukturen der importierten Sklavengruppen zerstört, ganze Familien auseinandergerissen, um die Entstehung eines nationalen Gemeinschaftsgefühls von vornherein zu unterbinden. Wo eine Trennung von Menschen gleicher Stammesherkunft und Kultur nicht restlos möglich war, verbot man zumindest die Verwendung des betreffenden Dialekts; die Strafen für entsprechende Regelbrüche waren, wie schon erwähnt, drakonisch. Die derart zusammengewürfelten, ethnisch meist heterogenen Schicksalsgenossen mussten sich also mit jener Sprache behelfen, die sie täglich von ihren Herren zu hören bekamen. So entwickelten sich in verschiedenen Ecken der Welt das portugiesische, das spanische, das niederländische, das englische und eben das französische Kreol.

Verblüffend ist, dass die ähnlichen Umstände der Entstehung der französischen Kreolsprachen zu einer hohen Übereinstimmung ihres Wortschatzes, ihrer Syntax und ihrer Grammatik geführt haben: Selbst in so weit auseinander liegenden Regionen wie etwa dem Indischen Ozean und den Antillen gleichen sie einander so sehr, dass sich ein Mauritier mühelos mit einer Haitianerin oder einem Mann aus Louisiana verständigen kann.

Sie können einander sogar Briefe schreiben: Obwohl das Kreolische bis weit ins 20. Jahrhundert eine ausschließlich mündlich tradierte Sprache war, hat die zunehmende Alphabetisierung dazu geführt, dass es sie heute auch in der Schriftform gibt. Von einer standardisierten Orthografie kann allerdings keine Rede sein: Trotz diverser Bemühungen um eine Normierung der Rechtschreibung bleibt es (nicht anders als in anderen Mundarten, etwa dem Wiener Dialekt) nach wie vor dem Geschmack jedes Einzelnen überlassen, wie er kreolische Wörter und Sätze zu Papier bringt. Die bereits erwähnte *boutik chinois* könnte man also genauso gut *butik sinwa* oder *butique sinoi* schreiben.

Im Gegensatz zum österreichischen »Gastarbeiterkreol« hat sich das mauritische Kreol trotz seines recht beschränkten Vokabulars und seiner rudimentären Grammatik zu einer höchst fantasievollen Sprache entwickelt, die durch wunderbar treffende Vergleiche, witzige Wortspiele und bildhafte Phrasen besticht. Besonders typisch ist die Bedeutungsvielfalt einzelner Wörter. So heißt zum Beispiel das Verb *marrier* nicht nur heiraten, es kann genauso gut für einmünden oder zusammenschweißen stehen. Das Wort mit den größten Anwendungsmöglichkeiten ist sicherlich *baiser*, das auf Französisch küssen oder koitieren heißt, während es im Kreolischen niemals in der ersten, selten und im übertragenen Sinn in der zweiten Bedeutung verwendet wird. Es kann freilich fast alles andere bedeuten: nehmen, essen, gewinnen, geben, betrügen, ruinieren, anmalen, gestalten, nennen, fallen, werden, vernichten, stellen, werfen …

Wie viele unterschiedliche Interpretationen ein solches Sprachgebaren offen lässt, kann am besten anhand eines einfachen Satzes demonstriert werden. Wenn ein Mauritier sagt: »Mo fin baisé toutou-la dans lasalle piblik«, dann stehen (neben ungezählten anderen) folgende Möglichkeiten zur Auswahl:

»Ich habe den Hund in den Gemeindesaal gesperrt.«

»Ich habe den Hund im Gemeindesaal geprügelt.«

»Ich habe den Hund im Gemeindesaal vergewaltigt.«

»Ich habe den Hund im Gemeindesaal aufgegessen.«

»Ich habe den Hund im Saal veröffentlicht.«

Wenn auch fast alle Vokabeln des mauritischen Kreol aus dem Französischen stammen, haben viele davon ihre ursprüngliche Bedeutung verändert oder ganz verloren – selbst Franzosen müssen zuweilen kapitulieren, wenn sie die Geheimnisse dieser Sprache entschlüsseln wollen. Dass es hier immer wieder zu gravierenden Missverständnissen kommt, liegt auf der Hand.

Jens erzählt uns beispielsweise die Geschichte eines Luxusrestaurants in Grand Baie, dessen Betreiber ein geplantes Silvestermenü in allen mauritischen Zeitungen ankündigten. *Languette de canard à la sauce orange,* nannte der französische Chefkoch eine seiner Kreationen, was zwar wörtlich Entenzünglein an Orangensauce heißt, aber in der Diktion der Nouvelle Cuisine vermutlich so etwas wie Entenrippchen bedeutet. Weder der Koch noch der Manager konnten wissen, dass *languette* zu den derbsten Ausdrücken zählt, die das Kreolische zu bieten hat (es ist eine höchst vulgäre Bezeichnung für die Klitoris). Die Annoncen machten im ganzen Land Furore, und nicht wenige Mauritier pilgerten zu Silvester in das besagte Restaurant, nur um sich – von Lachkrämpfen geschüttelt – eine Portion *languettes* zu bestellen.

Auch vor der kreolischen Sitte, Artikel und

Substantiv zu einem einzigen Wort zu verschmelzen, müssen Franzosen nicht selten kapitulieren. Als fünf französische Freunde von Jens und Marie-Lourdes ein mauritisches Lokal besuchten, machten sie etwa die folgende Erfahrung: »De la bière pour tous, s'il vous plaît« (Bier für alle, bitte), lautete ihre Bestellung, worauf ihnen der Kellner mit unbewegter Miene zwei Gläser Bier auf den Tisch stellte. Bier heißt nämlich auf Kreolisch *labiere*, ein Bier demzufolge *enn labiere* und zwei Bier *dé labiere*. Im Grunde ganz einfach, wenn man es weiß.

Ein ganz spezielles Phänomen des mauritischen Kreol ist ein ominöser Zahlencode, über dessen Herkunft lediglich Gerüchte existieren. Die Behauptung, er habe schon den Sklaven als Geheimsprache gedient, dürfte aber zu den romantischen Legenden zählen; im Allgemeinen wird seine Entstehung der Welt der Spieler und Gauner zugeschrieben. Mauritier aus sogenannten »besseren Kreisen« kennen daher auch nur wenige der Chiffren und der daran gekoppelten Begriffe; in der Alltagssprache des »gemeinen Volkes« dagegen haben sie ihren festen Platz. Die alten Herren, die sich allabendlich unter dem Mangobaum zusammenfinden, um Bingo, Domino oder Karten zu spielen, beherrschen den Zahlencode perfekt und wenden ihn mit großem Enthusiasmus an.

Hier die gebräuchlisten Begriffe:

2 = Affe

4 = Tod

6 = Homosexueller
7 = Dieb
15 = Busen
21 = betrunken
23 = Vagina
25 = Kirche
27 = Polizei
29 = urinieren
35 = Mädchen
36 = Penis
40 = Hinterteil, defäkieren
44 = Krabbencurry

Neben dem Krabbencurry gibt es übrigens noch ein weiteres, in Mauritius nach wie vor beliebtes Curry, bei dessen Identifizierung die Kenntnis der kreolischen Codezahlen von Vorteil sein kann – vielleicht auch, um es bei der Wahl seines Mittagsmenüs zu vermeiden. Es wird auf der ganzen Insel nur *carri No.* 2 genannt ...

Die folgenden, häufig verwendeten Redewendungen sollen einen kleinen Eindruck von der – teils spielerischen – Sprachmalerei vermitteln, derer sich das Kreolische bedient:

Ramassé enn cozé makro (wörtlich: eine Zuhälterrede einstecken) – Schelte kriegen

Batté so lakol (wörtlich: seinen Klebstoff mixen) – jemandem schöntun

Sousse malliou (oder auch: *sousse lagraine*) (wörtlich: Unterhose lutschen, respektive: Hoden lutschen) – katzbuckeln, kriechen

Fer lapak avan karem (wörtlich: Ostern vor dem

Fasten feiern) – vorehelichen Geschlechtsverkehr ausüben

Gonflé so ballon (wörtlich: ihren Ballon aufblasen) – eine Dame schwängern

Donné fesse (wörtlich: Hintern geben) – sich beschlafen lassen

Manzé banan dé coté (wörtlich: von zwei Seiten Bananen essen) – zweigleisig fahren, Bigamie betreiben

Manzé so petrol (wörtlich: sein Erdöl essen) – sich betrinken

Siz ér é demi (wörtlich sechs Uhr dreißig) – Impotenz (beide Zeiger weisen nach unten).

Obwohl der Status der kreolischen Sprache mittlerweile hoch genug ist, dass sie auch in Gedichten, Romanen und Theaterstücken Eingang findet, sind viele der oben erwähnten Ausdrücke selbst für lange im Land lebende Ausländer nur schwer zu entschlüsseln. Man kann sich also die mehr als verblüffte Reaktion einer mauritischen Kellnerin vorstellen, wenn Sie ihr mit schelmischem Lächeln ein »Pa baise moi sa map moris-la, li fer moi allé quarante …« hinstreuen. Was so viel heißt wie: »Geben'S mir aber nicht von dem billigen Rum dort, von dem krieg ich immer die Scheißerei …«

Trauen Sie sich. Versuchen Sie es.

Gaumenfreuden

Mehr als verwunderlich ist die oft gehörte Aussage, dass das kulinarische Angebot in Mauritius mittelmäßig und kostspielig sei. Eine derart krasse Fehleinschätzung kann nur in den hygienischen Ansprüchen begründet liegen, die der Durchschnittseuropäer an seine eigene heimische Küche stellt. Die chronische Angst vor Schmutz und Krankheit, die ihn von Kindheit an verfolgt, ist wohl einer der größten Stolpersteine des westlichen Weltenbummlers. Dabei vermag er potenzielle Gefahren mit bloßem Auge gar nicht zu erkennen; er muss sich auf vage Zweifel und Eindrücke verlassen, die sich oft genug als falsch herausstellen. Tatsache ist: Man lernt Mauritius nicht kennen, ohne sich auf seine Sitten einzulassen, und man lernt seine Sitten nicht kennen, ohne die eigenen bisweilen über Bord zu werfen. Sonst wird man sich zu den Mahlzeiten ausnahmslos auf jene klimatisierten Touristenfallen beschränken müssen, die weltweit für neurotische, myso- oder gar xenophobe Feriengäste errichtet worden sind. Und ja, ganz richtig: Dort kann man problemlos sündteure, schlechte und scheinbar unbedenkliche Speisen zu sich nehmen.

Nach der Heimkehr werden wir erfahren, dass sich ein Wiener Freund in unserer Abwesenheit eine schwere, fast lebensbedrohliche Vergiftung zugezogen hat. Auslöser war eine schlichte Erbsensuppe, die ihm in einem Tiroler Restaurant serviert wurde, während wir uns heißhungrig und kerngesund in den obskursten mauritischen Lokalen die Wänste vollschlugen.

Rund heraus und kurz gesagt: Mein Gaumen ist ein Insulaner, er wäre am liebsten hier sesshaft geworden. Die mauritische Küche hat mich im Sturm erobert. Wobei der Ausdruck »mauritische Küche« trotz der Vielzahl ihrer verschiedenen kulinarischen Traditionen seine Berechtigung hat: Wenn es auch indische, chinesische, europäische oder afrikanische Spezialitäten sind, die ihren Weg auf die Insel gefunden haben, so hat sich doch ein endemischer Stil in ihrer Zubereitung entwickelt (ähnlich wie bei der typischen Wiener Küche, die Rezepte aus allen Winkeln der ehemaligen Kronländer in sich vereint). Zwischen Herd und Fritteuse ist der sprichwörtliche Schmelztigel der Kulturen also noch am ehesten zu finden.

Weit mehr als in Europa gehört das Essen auf der Straße, der schnelle Imbiss zu den mauritischen Gepflogenheiten. In allen Städten findet sich eine Unzahl mobiler Stände und Buden; selbst Hauseingänge und Garagen werden tagsüber zu Kleinrestaurants umfunktioniert. Die Speisen, die hier angeboten werden, sind bei den Mauritiern ungemein beliebt; selbst die winzigsten Qualitätsunterschiede werden fachmännisch erkannt und diskutiert, sodass sich vor wenigen, als Geheimtipp gehandelten Ständen lange Menschenschlangen bilden, während die Mehrzahl der anderen leer ausgeht. Um das beste *dholl puri* zu bekommen, nehmen die meisten Mauritier lange Anfahrtswege in Kauf, auch wenn sie ein ähnliches (nur eben nicht ganz perfektes) gleich um die Ecke haben könnten.

Ach, *dholl puri* … Neben chinesischen *boulettes* (in Bouillon gekochte, mit Fleisch, Fisch, Krabben oder Gemüse gefüllte Knödel), *mines frire* (gebratene Nudeln mit fein geschnittenem Fleisch und Gemüse), *gâteaux piments* (kleine, frittierte Knödel mit Linsen und Chilis) und *samoussas* (gebackene Teigtäschchen) sind es vorwiegend *roti* oder eben *dholl puri*, die man bei den Straßenhändlern kaufen kann. Es handelt sich dabei um hauchdünne Fladen, die aus Weizenmehl (*roti*) oder aus gelben Linsen (*dholl puri*) hergestellt und mit Gemüsecurry bestrichen werden. Der abschließende Löffel beißend scharfer *Piment*-Sauce darf natürlich nicht fehlen, ehe das ganze Kunstwerk zusammengerollt wird und – in Zeitungs- oder Butterbrotpapier verpackt – den Besitzer wechselt. Eine Portion *dholl puri* kostet fünf Rupees (umgerechnet knapp zwanzig Cent), zwei Portionen machen zwar satt, aber trotzdem gierig auf eine dritte. Selbstverständlich kennt auch unser Mann in Rose Hill den mit Abstand besten *Dholl-puri*-Kiosk der Insel. Wir finden ihn in Port Louis, an der Straßenkreuzung schräg hinter dem Stadttheater. Ihn als Kiosk zu bezeichnen, ist allerdings etwas vermessen: Im Rinnstein parkt hier ein klappriges Fahrrad mit Anhänger, auf dem Anhänger steht eine Holzkiste, und in der Holzkiste türmen sich die Palatschinken und Saucenbehälter. Zwei alte Männer versuchen, der andrängenden Menschenmassen Herr zu werden. Einer ist nur damit beschäftigt, zu kassieren, der andere bereitet mit unglaublich flinken Fingern die Pfannkuchen zu: Er füllt, streicht, rollt und wickelt, als müsse er in einem Augenblick die ganze Welt erschaffen. Und in gewisser Weise tut er das auch: Kaum haben wir den ersten Bissen getan, erschließt sich uns eine neue Geschmackswelt, ein fremdes und zugleich seltsam vertrautes Aromaparadies.

Restaurants gibt es dagegen erst seit etwa fünfzig Jahren in Mauritius. Damals begannen die vorwiegend aus den südlichen Provinzen Chinas zugewanderten Chinesen, die ersten Gaststätten zu eröffnen. Obwohl man inzwischen auch indische, japanische, italienische oder französische Lokale finden kann, lautet das mauritische Synonym für Restaurant nach wie vor: Chinarestaurant. Wir haben das Glück, eine ganze Reihe davon kennenzulernen, und trotz ihrer krassen Verschiedenheit haben sie eines gemein: unverschämt billige Preise und unvergleichlich köstliches Essen.

Da ist zum Beispiel der in einer dunklen Seitengasse von Rose Hill versteckte Wang Lee, der nur über eine enge Hintertreppe zu erreichen ist. Im ersten Stock öffnet sich plötzlich ein weit verzweigter, spärlich beleuchteter Speisesaal voller indischer, kreolischer und chinesischer Familien, die hier an großen, runden Tischen ihr Abendessen einnehmen. *Bol renversé*, so heißt das Gericht, das ich aus der opulenten Speisekarte wähle. Es entpuppt sich, wie der Name sagt, als eine riesige, gestürztze Schüssel, unter der sich ein Berg aus gebratenem Reis mit Krabben und Gemüse verbirgt, so wunderbar in Konsistenz und Würze, dass ich vor Genuss fast vergehe. Auf den Gipfel des Hügels (der ja während des Bratens zuunterst gelegen haben muss) hat der Koch ein sämiges Spiegelei gezaubert ...

Das mit Abstand spektakulärste chinesische Restaurant, in das uns Jens eines Mittags führt, ist aber Jims Snack in Port Louis. Durch einen unscheinbaren Eingang bugsiert er uns in ein Lokal von der Größe eines durchschnittlichen europäischen Wohnzimmers. Die Hälfte dieses Zimmers nimmt ein mächtiger gläserner Schaukasten ein, hinter dem wir im dichten Dampf der Kessel, Töpfe und Fritteusen eine Schar schwitzender, schwatzender Köche erkennen können. Ein weiteres Viertel des Raumes wird von einer steilen und engen Treppe beansprucht, die uns in die obere Etage führt. Und was für eine Etage: Kleiner noch als der Verkaufsraum im Erdgeschoß liegt hier eine Art Höhle vor uns, in der auf dunkel verkrustetem Bretterboden vier kleine Resopaltische mit Hockern stehen. Am eindrucksvollsten aber ist die Decke: Kaum höher als eineinhalb Meter hängt sie über uns; schon auf der vorletzten Stufe stoße ich mit dem Kopf daran (obwohl ich eher klein gewachsen bin). In gebückter Haltung steuern wir auf eine Ecke zu, setzen uns und harren mit gemischten Gefühlen der Dinge, die da kommen sollen. Mein Blick fällt auf die nackte Glühbirne in der Mitte der Höhle, streift die offenen, mit grüner Chilisauce gefüllten Plastikbecher, die auf jedem der Tische stehen, wandert schließlich über die zersplitterten Wandverkleidungen, hinter denen hastig ausgedrückte Zigarettenstummel stecken. Eine Gaststätte dieser Art müsste in Wien schon vor der Eröffnung zusperren, denke ich im Stillen. Ganze Stoßtrupps von Magistratsbeamten würden Schlange stehen, um ihre Bannbriefe, Schließungsbescheide und Amtssiegel an die Tür zu kleistern …

Doch dann kommen sie, die Dinge. Ein kleiner, der Höhe des Raumes angemessener Kreole balanciert ein Tablett die Treppe herauf, das sich unter nie gesehenen, nie gerochenen, nie geschmeckten Köstlichkeiten biegt. Bald steht eine Auswahl der schon erwähnten chinesischen *boulettes* vor uns, also jener knödelartigen Happen, die entfernt an *dim sum* erinnern, aber doch anders, nämlich durch und durch mauritisch schmecken. Dazu wird ein großer Topf Gemüsesuppe serviert, in dem die *boulettes* noch ein wenig schwimmen dürfen, bevor sie unserer Schwelgerei zum Opfer fallen. Wir sind so versunken in unseren Genuss, dass wir zunächst gar nicht merken, wie sich der Raum füllt: Es ist kurz nach zwölf, und so strömen die Menschen zu Jims, um noch einen der vier Tische für die Mittagspause zu ergattern. Als wir mit dem Essen fertig sind, finden wir uns eingekeilt zwischen Männern in Anzug und Krawatte, Frauen in dezenten Kostümen wieder: Jims Snack ist das beliebteste Lokal der Banker und Juristen.

In einer Hinsicht stellt das Essen bei Jims einen kulinarischen Sonderfall dar: Der Begriff der warmen Mahlzeit wird in Mauritius fast immer mit dem Wort Reis verbunden. Kaum ein Insulaner hält es zwei Tage lang durch, keinen Reis zu essen. »Bei uns gibt's zweimal täglich Reis« bedeutet also in der landesüblichen Diktion: »Bei uns wird zweimal am Tag gekocht.« Unverzichtbar ist dabei das *carri*, also das Curry, die Gemüse-, Fleisch- oder Fischsauce, die den normalerweise ungewürzten Reis mit Geschmack anreichert. Ausnahmen bilden nur die sogenannten *plats au pain* (Brotgerichte), die vor allem aus der indischen und aus der europäischen Kochtradition kommen, und die bereits erwähnten chinesischen Teiggerichte wie *mines frire* oder *boulettes*. Zu den Brotgerichten zählt aber auch eine legendäre kreolische Speise, die wir auf der Reise kennenlernen durften, ein fettreicher Fisch namens *corn*.

Der *corn* wird nur in zwei oder drei auf seine Zubereitung spezialisierten Lokalen angeboten, doch sind es beileibe keine Orte, die man als Restaurants bezeichnen könnte. Gegen Ende unserer Reise führen uns Jens und Marie-Lourdes in eine dieser Gaststätten, die sich als das entpuppt, was man in Österreich einst Branntweiner nannte. Eine Schnapsbude also, in der eine Handvoll Männer an spärlich beleuchteten Tischen hockt, um sich dem abendlichen Suff hinzugeben. Kurze, nebelverhangene Blicke auf Julia und Marie-Lourdes, hier und da ein zeitverzögertes Stirnrunzeln (»Wann habe ich hier drin zum letzten Mal eine Frau gesehen?«), schließlich die geistige Rückkehr zum geistigen Getränk: Das ist die ganze Reaktion der Gäste auf unser Erscheinen.

Dass der *corn* als Speise der Trinker verschrien ist, hat einen simplen Grund: Sein Skelett besteht aus nur wenigen, überaus großen Gräten, die man selbst im Zustand fortgeschrittener Alkoholisierung schwerlich übersehen kann. So anrüchig der Ruf des Fisches auch sein mag, sein Geruch straft seinen Leumund Lügen. In Safran mariniert und knusprig gebraten, so kommt er zu uns an den Tisch, begleitet von ofenwarmem Brot, gerösteten *piments* und Auberginensalat, ein einziges kreolisches Gedicht. Nach alter Väter Sitte bringt uns der Wirt das unerlässliche Getränk dazu. Sorgsam abgefüllt in eine längst geleerte Whiskyflasche, so lacht uns ein Liter des besten aller Getränke an, die Mauritius zu bieten hat: der gute, der alte, der herrliche Rum.

Mit Mohnkornbrand hat unsere Reise begonnen, mit Rum geht sie zu Ende. Und, nicht zu vergessen, mit Bier: Zwischen Quatre Bornes und Floreal stehen die Hallen der Brauerei Phoenix, deren Bier zu den besten (und wohlgemerkt höchstdekorierten) der Welt zählt. Dass Phoenix traditionelle Bierländer wie Holland, Deutschland oder Österreich noch nicht im Sturm erobert hat, liegt vermutlich bloß an den hohen Exportkosten.

Julia und ich können uns nicht zwischen Rum und Phoenix entscheiden, als wir zwei Tage später die Koffer packen. Letztlich beschließen wir, eine mögliche Strafe bei der Zollkontrolle zu riskieren: Als wir die Insel kurz vor Weihnachten verlassen, strotzt unser Gepäck vor alkoholischen Getränken und ist um einiges schwerer als erlaubt.

Unsere Bäuche dagegen sind schwerer als unsere Herzen: Die Sehnsucht nach dem eigenen Bett, dem eigenen Bad, dem eigenen Lebensrhythmus erleichtert uns doch ein wenig den Abschied. Der Schmerz setzt erst später ein, als wir durch eine dunkelgraue, schier endlose Wolkendecke in den Himmel über Paris eintauchen. Jetzt erst beginnen unsere Herzen zu bluten, und sie werden es noch lange tun, viele düstere, kalte Monate lang – im Grunde tun sie es bis heute.

Mauritius ist durchaus keine Insel der Seligen, kein ungetrübtes Paradies. So friedlich und ruhig, so reich an fantastischen Bildern es eben noch war, so hektisch und laut, elend und hässlich erscheint es im nächsten Moment. So freundlich und gütig, offen und sanft sich seine Bewohner heute auch zeigen mögen, so engstirnig, kleinlich und stur erscheinen sie morgen. Aber wie schon eingangs erwähnt: Die Wahrnehmung eines Landes gleicht der eines einzelnen Menschen. Und die Gefühle, die man für jemanden hegt, treten oft am deutlichsten aus der Entfernung zutage. Mag sein, dass man Vollkommenheit, totale Makellosigkeit bewundern kann oder verehren – sie aus tiefstem Herzen zu lieben, ist unmöglich. Und so sind es gerade die Launen, die Schwächen und Schrullen, Ecken und Kanten der schillernden Persönlichkeit Mauritius, die meine Liebe entfacht haben.